Cómo orar

DAG HEWARD-MILLS

Parchment House

Cómo orar
Dag Heward-Mills

A menos que se indique lo contrario, todas las citas bíblicas fueron tomadas de la versión Reina Valera 1960.

Título original en inglés: ***HOW TO PRAY***

Publicado por primera vez en español en 2013 por Parchment House
Segunda impresión 2015

Traducción: Graciela Femat
Correo electrónico: gracefemat@yahoo.com.mx

Para mayor información sobre Dag Heward-Mills,
Campaña de Jesús El Sanador
Escribe a: evangelista@daghewardmills.org
Sitio de web: www.daghewardmills.org.mx
Facebook: Obispo Dag Heward-Mills
Twitter: @DagHewardM

ISBN 13: 978-9988-8504-4-9

Índice

Capítulo 1

Si estás demasiado ocupado para orar, estás demasiado ocupado

Cuando Daniel supo que el edicto había sido firmado, entró en su casa, y abiertas las ventanas de su cámara que daban hacia Jerusalén, se arrodillaba tres veces al día, y oraba y daba gracias delante de su Dios, como lo solía hacer antes.

Daniel 6:10

Cualquiera que esté demasiado ocupado para orar, entonces está demasiado ocupado. Sin importar quién seas, no puedes permitirte estar demasiado ocupado para orar. Puedes ver, como dice en las Escrituras más arriba, que Daniel oraba tres veces al día. En este versículo hay una frase importante que es «como lo solía hacer antes». Esto quiere decir que Daniel había estado orando así todos los días. Él no oraba solo porque estaba en problemas; él tenía el hábito de la oración.

Muchas veces, cuando las personas prosperan, dejan de buscar la oración y finalmente caen. ¡Eso no sucedió con Daniel! Él era el Primer Ministro de su país, el segundo en autoridad después del rey. Era un hombre exitoso que ascendió desde la esclavitud hasta ocupar el alto cargo de Primer Ministro. Era uno de los hombres más temidos y respetados de la nación. Era el político más importante de su época. Era un empleado civil. Y aun así oraba tres veces al día, ¡todos los días!

¿Qué principios guiaron a David a tener un tiempo de oración tan constante e inusual? Aquí están, léelos y deja que se conviertan en tus principios. Tú también puedes tener el éxito de Daniel. Quiero que leas, estudies y analices los siguientes principios que creo que guiaron a Daniel en su vida.

Principio N° 1: La oración es muy importante

Una vez alguien dijo que es más importante saber orar que tener un título universitario. Hay muchas cosas que son importantes en esta vida. Es importante tener una buena educación. El dinero es importante. Un buen matrimonio es importante. *Pero, ¡lo más importante es una buena vida de oración!*

Deja que esto entre en tu espíritu: *De todo lo que obtienes, ¡obtén oración!* En medio de todas tus actividades, ¡haz espacio para orar!

Principio N° 2: Nunca hay nadie demasiado ocupado, demasiado bendecido o demasiado exitoso para orar

Tal vez tengas un estilo de vida muy ocupado o seas una persona muy importante. Sin embargo, yo no creo que estés más ocupado de lo que estaba Daniel. Daniel era un Primer Ministro, un líder de la nación. Muchas personas piensan que los Jefes de Estado y los Ministros de gobierno tienen una vida buena y relajada viajando por todo el mundo. ¡Eso no es verdad! Yo mismo estoy a la cabeza de una gran organización y sé que las personas que tienen un alto cargo no tienen vidas fáciles. Mientras más asciendas, más responsabilidades vas a tener.

Requiere de mucho trabajo estar a la vanguardia de la vida y del ministerio. ¿Sabías que los ejecutivos exitosos como Daniel están tan estresados que son propensos a enfermedades como úlceras estomacales y ataques al corazón? Esta condición es más común entre las personas muy ocupadas por tan arduo trabajo.

Daniel era una de estas personas. Él era un Primer Ministro y aun así sentía que no estaba demasiado ocupado para orar tres veces al día. **Si crees que estás demasiado ocupado para orar, entonces estás engañándote a ti mismo.** Si no oras, es porque no quieres orar. ¡Es porque no crees que ahora la oración sea importante! Daniel era exitoso y aun así oraba. ¿Por qué podía orar tres veces al día?

Hay personas que abandonaron la pobreza y alcanzaron la prosperidad. Cuando eran pobres, tenían mucho tiempo para ir a las reuniones de oración. Pero cuando fueron bendecidos sintieron que todo estaba bien. ¡No! ¡Todo no está bien! Tu prosperidad no es una señal para que dejes de orar.

Principio N° 3: La oración es la fuente de nuestro poder y de nuestra protección

Tienes que darte cuenta que la oración es la que libera el poder de Dios a nuestro favor. Jesús conocía el poder de la oración. Por eso pasaba largas horas orando. Tal vez seas un exitoso empresario y creas no necesitar ninguna de estas «cuestiones» espirituales. Quizá seas un político y creas que tu protección viene de talismanes y poderes mágicos.

Déjame decirte que hay poder en la oración. Cuando tenemos el poder de la oración no necesitamos ningún otro poder. La oración nos protege. La última parte de la armadura de Dios es la oración (Efesios 6:18). En otras palabras, la oración es una parte importante de tu defensa espiritual.

A algunas personas les da miedo prosperar. Cuando prosperó, Job estaba aterrorizado. Hasta que finalmente dijo: «Me ha acontecido lo que yo temía». Estas personas sienten que alguien podría usar poderes sobrenaturales para tratar de matarlos. Cuando eres una persona que ora, como Daniel, no tienes nada que temer. Muchas personas querían matar a Daniel. Ellos no solo pensaban en asesinarlo, sino que realmente trataron de eliminarlo. Gracias al poder de la oración, Daniel estuvo protegido de los leones.

¡Veo a los leones de tu vida huyendo espantados! ¡Veo cómo aumenta el poder de tu oración! ¡Te veo avanzando por tu recién descubierta vida de oración!

... también Jesús fue bautizado; y orando, el cielo se abrió,

Lucas 3:21

¡Veo los cielos abriéndose sobre tu vida! ¡Nunca olvides esto! Cuando Jesús oró, los cielos se abrieron. Cuando eres una persona de oración, llueven sobre ti bendiciones tanto físicas como espirituales.

Principio N° 4: La oración es importante para obtener y mantener las bendiciones de Dios

¿Hay algo de lo que estés orgulloso? ¿Has logrado algo en tu vida? Déjame decirte que es por la gracia de Dios. Con el poder de la oración lograrás muchas cosas. Y es con la oración que podrás conservar lo que Dios puso en tus manos.

Hay personas que recibieron miles de dólares de regalo. Hoy, ese dinero se desvaneció en el aire. Puede que Dios te haya dado algo, pero solo con Su gracia podemos conservar esa bendición. ¿Eres pastor de un gran ministerio? Déjame decirte que es necesario orar para que puedas mantenerte en ese ministerio. ¿Por qué crees que Jesús siempre se apartaba para orar?

En el mundo está actuando una ley de degeneración. Todo está decayendo. Tu negocio está decayendo. Tu iglesia está decayendo. Tu vida misma está decayendo. Para preservar todo lo que Dios te dio, es necesario el poder de Dios a través de la oración.

Principio N° 5: Para que la oración sea efectiva, debe ser un hábito

Un hombre llamado Dostoyevski dijo: «La segunda mitad de la vida de un hombre está hecha únicamente de los hábitos adquiridos en la primera mitad».

Pascal afirmó: «La virtud de un hombre no debe medirse por su esfuerzo sino por su vida cotidiana».

Si quieres ser grande en esta vida necesitas tener buenos hábitos. Una acción se vuelve un hábito cuando se repite muchas veces; consciente o inconscientemente. ¡Se vuelve una costumbre!

Los hábitos pueden ser buenos o malos. Recuerda que los buenos hábitos se repiten con la misma facilidad que los malos hábitos. Un buen hábito te guiará a avanzar de manera constante aunque no intentes hacerlo. Los malos hábitos te guiarán también, pero al fracaso sistemático. Si decides desarrollar el hábito de la oración entonces estarás generando un hábito para el éxito. Jesús iba a la iglesia en el día de reposo porque ese era su hábito. La Biblia nos dice que Jesús tenía hábitos o costumbres.

... y en el día de reposo entró en la sinagoga, conforme a su costumbre [hábito]...

Lucas 4:16

Daniel tenía la costumbre de orar tres veces al día.

...[Daniel] se arrodillaba tres veces al día, y oraba...

Daniel 6:10

La vida en el mundo secular no está diseñada para incluir el tiempo de oración. El trabajo comienza temprano por la mañana y termina tarde en la noche. Pueden pasar semanas antes de que siquiera pienses en la oración. Para muchas personas, solo una situación imposible les recuerda la necesidad de orar. Querido amigo, es importante que introduzcas la oración en tu vida.

¡Dios no es un neumático de repuesto! Un repuesto es algo que no se usa nunca, excepto para emergencias. Dios no es ningún tonto. Lo que se siembra, se cosecha. Si regularmente tienes tiempo para Dios, Él tendrá tiempo para bendecirte todos los días. Solo por Su misericordia, Dios escucha algunas de nuestras oraciones.

Desarrolla tu vida de oración hasta que suceda espontáneamente. Desarrolla tu vida de oración hasta que ores por hábito sin siquiera pensar en lo que haces.

Yo me hice tiempo para orar

Cuando era estudiante de medicina estaba muy ocupado con mis cursos. No tenía nada de tiempo para orar. Pero como había hecho de la oración parte de mi vida cristiana ¡de ninguna manera podía estar sin hacerlo! De alguna manera tenía que incluirla en mis horarios. Decidí orar tarde por la noche. Normalmente tenía tanto sueño que debía caminar para permanecer despierto. La oración era tan importante para mí que no podía apartarla de mi vida.

Una noche, mientras me dirigía a mi habitación luego de uno de esos momentos de oración, ¡me quedé dormido mientras caminaba! ¡Recién desperté cuando entré al edificio del departamento de español de la universidad! Creo que Dios vio mi deseo de orar a pesar de los complicados horarios de la escuela de medicina.

Principio N° 6: Hay que continuar orando tanto en tiempos difíciles como en tiempos de paz

¿Por qué esperamos que surja un problema para ponernos a orar? ¿Creerías que alguien es un amigo de verdad si solo te llama cuando tiene problemas graves? En los tiempos de paz, él no tenía tiempo para ti. Dios está buscando a alguien que esté en comunión con Él tanto en los buenos como en los malos momentos.

Cuanto más predico, mejor soy predicando. Cuanto más ores, mejor orarás. En momentos de crisis verás que te pones a la altura de la situación y pronuncias poderosas oraciones que producen resultados.

Principio N° 7: Toda nación necesita muchas oraciones y líderes que oren

No existe ninguna duda de que el mundo está gobernado por espíritus malvados en lugares altos. La tierra está llena de personas que están en guerra entre sí. ¡Abundan la hambruna, la guerra, las epidemias y los desastres! Solo tienes que prestar atención a las noticias internacionales y oirás de una nueva catástrofe.

En muchas naciones existen dictadores de toda clase. Cual serpientes que mudan la piel, muchos dictadores de antaño tienen una nueva «imagen democrática».

Muchos líderes nacionales se encuentran verdaderamente bajo la influencia de espíritus malignos y por eso hacen las cosas que hacen. Se aferran al poder en vez de permitir honorablemente que otros tengan la oportunidad de liderar. Como si fueran vampiros, chupan la sangre de la riqueza de la nación y la acumulan en lugares secretos.

Los líderes políticos como Hitler guían naciones enteras a una prosperidad inicial y luego a su destrucción final. Siempre recuerdo cómo cambiaron las cosas en Sudáfrica cuando el presidente Deklerk reemplazó al presidente Botha. Un nuevo líder condujo a la liberación de Nelson Mandela y a la caída del apartheid. Es importante que nosotros oremos por estos líderes para que nuestra nación pueda prosperar. Que la persona correcta esté al timón de los negocios hará una gran diferencia en nuestra nación. Yo creo que la presencia de una persona de oración como Daniel produjo una gran diferencia en esa nación.

Principio N° 8: Es importante orar por largos períodos de tiempo

Hace unos años, las únicas oraciones que escuchábamos eran las que los sacerdotes nos leían en la iglesia. El mayor tiempo que yo podía orar eran treinta o cuarenta segundos, y eso era cuando recitaba el Padrenuestro. Yo conocía tres oraciones: ¡el Padrenuestro, el Ave María y una oración al Ángel de Dios! Sin embargo, a medida que crecía en el Señor aprendía a orar por mí mismo. Ahora puedo orar varias horas seguidas.

Siempre recuerdo la primera vez que oré por tres horas. Era un estudiante en la escuela de Achimota (la universidad del príncipe de Gales). Estaba en medio de una crisis y necesitaba la intervención del Señor. También recuerdo la primera vez que oré por siete horas. Estaba en sexto de año de la misma escuela. Oré desde las 10 de la mañana hasta las 5 de la tarde. Disfruto de orar por largas horas.

Para mí, orar por treinta minutos es casi como si no hubiera tenido un momento de oración. No me malinterpretes; no estoy diciendo que Dios no escuche las oraciones cortas. Estoy diciendo que he desarrollado el arte de orar largas horas como hacía Jesús. Él oró durante tres horas en el huerto de Getsemaní.

Yendo un poco adelante, se postró sobre su rostro, orando ... Vino luego a sus discípulos, y los halló durmiendo, y dijo a Pedro: ¿ASÍ QUE NO HABÉIS PODIDO VELAR CONMIGO UNA HORA? ... Otra vez fue, y oró por segunda vez ...

Vino otra vez y los halló durmiendo, porque los ojos de ellos estaban cargados de sueño. Y dejándolos, se fue de nuevo, y oró por tercera vez, diciendo las mismas palabras.

Mateo 26:39,40,42-44

En las Escrituras dice que a Jesús le sorprendió que sus discípulos no pudieran orar por una hora.

Vino luego a sus discípulos, y los halló durmiendo, y dijo a Pedro: ¿Así que no habéis podido velar conmigo una hora?

Mateo 26:40

Jesús oró toda la noche antes de elegir a sus discípulos.

En aquellos días él fue al monte a orar, y pasó la noche orando a Dios. Y cuando era de día, llamó a sus discípulos, y escogió a doce de ellos, a los cuales también llamó apóstoles:

Lucas 6:12-13

Tal vez la Biblia no ordene específicamente que haya que orar muchas horas, pero sí se encuentra implícito en toda la Palabra. En los próximos capítulos te enseñaré sobre qué debes orar cuando decides hacerlo por largas horas.

Principio N° 9: Es importante ingresar a solas en una habitación para un tiempo de oración más efectivo

Hay muchos cristianos que solo pueden orar cuando están en un grupo. No pueden estar solos en una habitación y orar por una hora. Este es un gran problema. Existe una diferencia entre orar solo y orar con un grupo de personas. Ambos tipos de oración son importantes. Si cuando estas solo puedes orar por tres horas, entonces con otra gente podrás hacerlo por seis. Es más fácil orar en grupo. Cada vez que expandas tu habilidad para orar solo, estarás expandiendo también tu capacidad para obtener grandes logros a través de la oración.

Principio N° 10: Todos deben desarrollar la habilidad y la fórmula para orar cuatro veces al día

Existen cuatro momentos importantes para orar: la mañana, la tarde, la noche y en todo momento.

¡Jesús oraba por la mañana!

Levantándose muy de mañana, siendo aún muy oscuro, salió y se fue a un lugar desierto, y allí oraba.

Marcos 1:35

¿Por qué es tan importante la oración matutina? Orar por la mañana es muy bueno porque te encuentras con Dios antes de verte con el diablo. Te encuentras con Dios antes de enfrentarte a las circunstancias de la vida. Dios te unge para superar cada montaña que encuentres en tu vida.

Orar por la tarde implica hacerlo en medio de tus actividades.

Y después que los hubo despedido, se fue al monte a orar;

Marcos 6:46

Cuando oras por la tarde, significa que lo haces en la tensión del día y en el fragor de la batalla. Reconoces a Dios como la fuerza más importante en tu vida. Dios te bendecirá cuando ores por la tarde. ¡Te veo orando por la tarde!

Puedes tomar un poco de tu tiempo para almorzar y dedicarlo a orar. ¡La oración te hará mejor que un plato de arroz!

También es importante orar en la noche. Cuando la Biblia dice «velad y orad», no quiere decir que para orar tengas que tener los ojos abiertos. En realidad significa que debes permanecer despierto y orar.

En aquellos días él fue al monte a orar, y pasó la noche orando a Dios.

Lucas 6:12

Orar por la noche tiene algo distinto que orar durante el día. Es una experiencia muy diferente. He oído que a las 2 de la madrugada las brujas se encuentran muy activas. Tal vez, cuando oras de noche, luchas contra las fuerzas de la oscuridad de manera diferente. Después de todo, por algo se las llama «fuerzas de la oscuridad» (porque andan en la noche).

El cuatro momento importante para orar es: «en todo momento».

Orad sin cesar.

1 Tesalonicenses 5:17

El propósito de la oración es que sea un flujo de comunicación constante con nuestro Padre celestial. Él nos ha dado el bautismo del Espíritu Santo y el don de hablar en lenguas. Yo oro todo el tiempo. ¡Mi esposa me dice que a veces oro mientras duermo!

Orad sin cesar.

1 Tesalonicenses 5:17

Puedes orar en el autobús y de camino al trabajo. Puedes orar en voz baja y para ti mismo mientras estás en la oficina. Puedes orar mientras estás en la ducha. Dios se regocija cuando Sus hijos están en permanente comunicación con Él.

Tengo un amigo cuya esposa lo llama a su celular por lo menos siete veces al día. Estuve en reuniones con él en las que recibió al menos cuatro llamados de su mujer. Nada importante, ¡ella solo se mantenía en contacto! Yo creo que es algo lindo. ¡Ella llama sin cesar!

¡Tú también puedes orar sin cesar! ¡Te veo orando por la mañana y por la noche! ¡Dios está cambiando tu vida porque hallaste una nueva vida de oración! ¡Para cuando termines de leer este libro, tu matrimonio, tu negocio y tu ministerio ya nunca volverán a ser como antes!

Cuando decidas hacer como Daniel y orar por largas horas, descubrirás que necesitas tener un patrón o una fórmula para orar. Necesitas algo que te guíe en tu vida de oración. En los próximos capítulos estudiaremos la fórmula para orar.

Los principios de Daniel para la oración

- La oración es muy importante.
- Nunca hay nadie demasiado ocupado, demasiado bendecido o demasiado exitoso para orar.
- La oración es la fuente de nuestro poder y de nuestra protección.
- La oración es importante para obtener y mantener las bendiciones de Dios.
- Para que la oración sea efectiva, debe ser un hábito.
- Hay que continuar orando tanto en tiempos difíciles como en tiempos de paz.
- Toda nación necesita muchas oraciones y líderes que oren.

- Es importante orar por largos periodos de tiempo.
- Es importante ingresar a solas en una habitación para un tiempo de oración más efectivo.
- Todos deben desarrollar la habilidad y la fórmula para orar cuatro veces al día.

Capítulo 2

¿Por qué la oración es misteriosa?

> **Sino que en los días de la voz del séptimo ángel, cuando él comience a tocar la trompeta, EL MISTERIO DE DIOS se consumará, como él lo anunció a sus siervos los profetas.**
>
> **Apocalipsis 10:7**

¡La oración es misteriosa porque Dios es misterioso! ¡Dios es misterioso y no hay nada que podamos hacer al respecto! ¡Si crees que alguna vez sabrás todo sobre Dios, entonces debes cambiar tu manera de pensar! Dios no es un hombre y no podemos saberlo todo sobre Él. El versículo anterior nos dice que Dios es un misterio. El misterio de Dios se consumará en los días de la voz del séptimo ángel. Hasta entonces, tenemos que conducir nuestra vida a través de los misterios de Dios.

Y es precisamente por los misterios que rodean a Dios que muchas personas no oran. Estos misterios no deberían apartarnos de la oración sino acercarnos más para buscar respuestas. Entonces ¿cuáles son los misterios de la oración?

1. **Misteriosamente, parece que Dios se limita o restringe a hacer solo lo que pedimos. Pareciera que Dios no obra a menos que oremos.**

> Pero Dios vino a Abimelec en sueños de noche, y le dijo: He aquí, muerto eres, a causa de la mujer que has tomado, la cual es casada con marido. Mas Abimelec no se había llegado a ella, y dijo: Señor, ¿matarás también al inocente? ¿No me dijo él: Mi hermana es; y ella también dijo: Es mi hermano? Con sencillez de mi corazón y con limpieza de mis manos he hecho esto. Y LE DIJO DIOS EN SUEÑOS: Yo también sé que con integridad de tu corazón has hecho esto; y yo también te detuve de pecar contra mí, y así no te permití que la tocases. Ahora, pues, devuelve la mujer a su marido; porque es profeta, Y ORARÁ POR TI,

Y VIVIRÁS. Y si no la devolvieres, sabe que de cierto morirás tú, y todos los tuyos.

Génesis 20:3-7

En toda la Biblia, vemos a Dios moviéndose cuando le piden que se mueva. Hasta vemos a Dios pidiendo a los seres humanos que le pidan que se mueva. En la famosa historia de Abimelec y Abraham, Abimelec se metió en graves problemas por tomar a la esposa de Abraham como una de sus concubinas. Dios se apareció ante Abimelec en una visión para pedirle que le dijera a Abraham que orara para que Abimelec no fuera maldecido.

Aunque Dios estaba hablando directamente con Abimelec, *le indicó que le dijera a Abraham que se comunicara con Él.* ¿Acaso Dios no hubiera podido resolver el asunto si lo estaba discutiendo directamente con Abimelec?

¡Pareciera que Dios hubiera querido o necesitado que Abraham le pidiera las cosas antes de hacerlas! ¡Pareciera que Dios no fuera a hacer nada a menos que Abraham se lo pidiera!

¡Es como si Dios se autolimitara o restringiera a hacer solo lo que Abraham le pidiera!

¡Como si Dios no fuera a actuar a menos que Abraham se lo pidiera!

Parece que Dios estuviera limitado por nuestra vida de oración. Eso es realmente misterioso. ¿Cómo podría el Creador del cielo y de la tierra estar limitado por mi oración? Esto me anima e incita a entrar en mi habitación y empezar a orar. Si Dios está limitado por mis oraciones, entonces debo pasar mucho tiempo orando y pidiéndole cosas.

2. **Misteriosamente, aunque Dios lo sabe todo, Él aún quiere preguntarnos lo que ya sabe.**

¿Por qué deberíamos decirle a Dios todo lo que Él ya sabe?

Si yo ya supiera que se encontró una bomba en el fondo de un lago, ¿por qué querría que alguien pase treinta minutos contándome sobre la bomba en el fondo del lago?

No tiene sentido que alguien tenga que escuchar cosas que ya sabe.

Sin embargo, misteriosamente, parece que aunque Dios lo sabe todo, sigue queriendo que nos acerquemos a Él y que le digamos lo que ya sabe. ¿No es maravilloso?

> No os hagáis, pues, semejantes a ellos; porque VUESTRO PADRE SABE DE QUÉ COSAS TENÉIS NECESIDAD, ANTES QUE VOSOTROS LE PIDÁIS.
>
> Mateo 6:8

También sabemos que Dios es un buen líder y el mejor padre para todos nosotros. A diferencia de algunos gobiernos que necesitan que se les recuerden los problemas de los ciudadanos, Dios no necesita que nadie le recuerde nuestros problemas. Muchos gobiernos necesitan que se les recuerden las cosas y se los induzca a través de huelgas y protestas. Pero Dios no necesita esos llamados de atención porque Él sabe y recuerda todo.

La gran pregunta es: ¿Por qué Dios quiere que le digamos y recordemos constantemente las cosas que Él ya sabe que necesitamos? ¿No se aburre con estas viejas cuestiones de las que Él ya sabe todo?

Pero parece que Él quiere que nos acerquemos una y otra vez para plantearle las cosas que Él ya sabe. ¡Qué gran misterio!

3. **Misteriosamente, parece que Dios quiere que pidamos por las mismas cosas aunque ya se las hayamos pedido antes.**

> Orad sin cesar.
>
> 1 Tesalonicenses 5:17

Si Dios no sabía de nuestros problemas el primer día, para el tercer día de oración ya debe estar al tanto de nuestros problemas y necesidades. Si Él sabe todo tan bien, ¿por qué requiere que nos acerquemos a Él una y otra vez? ¿No podemos pedirle las cosas una sola vez?

¿Por qué deberíamos orar sin cesar? ¿Por qué Jesús nos contó la historia del juez injusto al que había que insistirle persistentemente para que actuara? ¿Es Dios como un juez injusto que no sabe, no le importa y no recuerda?

Si el carácter de Dios es diferente, ¿por qué tenemos que acercarnos a Él una y otra vez con los mismos problemas? ¿Acaso no puede responder nuestras oraciones después del primer pedido?

4. Misteriosamente, parece que Dios quiere que nosotros le pidamos las cosas una y otra vez pero a su vez considera que algunas oraciones son aburridas y repetitivas.

Entonces, ¿cuáles son los motivos por los que deberíamos orar sin cesar y cuáles le resultan a Dios aburridos y repetitivos? Esto también es un misterio. No es fácil resolver ni dar respuesta a estas preguntas.

Pero estos misterios no deberían impedirnos orar. Debemos seguir orando a Dios y Él responderá nuestras oraciones. A medida que caminemos con Él iremos ganando experiencia y aprenderemos qué decir y cuándo decirlo.

> Y orando, no uséis vanas repeticiones, como los gentiles, que piensan que por su palabrería serán oídos. No os hagáis, pues, semejantes a ellos; porque vuestro Padre sabe de qué cosas tenéis necesidad, antes que vosotros le pidáis.
>
> Mateo 6:7-8

5. Misteriosamente, parece que algunas oraciones tienen que ser largas mientras que otras pueden ser muy cortas.

A lo largo del ministerio de Jesús, vemos una misteriosa combinación de oraciones cortas y otras muy largas. Entonces, ¿cuándo deberíamos pronunciar una oración larga y cuándo una corta?

¿Podría ser el momento de hacer una oración larga y nos equivocamos y hacemos una corta? ¿Podríamos estar cometiendo terribles equivocaciones en los tipos de oraciones que hacemos?

¿Podría ser el momento de pronunciar una oración corta y nosotros irritamas a Dios con peticiones largas y repetitivas?

Este vaivén de Jesús entre oraciones largas y cortas es uno de los misterios de la oración. A veces, oraba por largos ratos y otras veces oraba por poco tiempo. No creo que tengamos la respuesta para todos estos misterios pero debemos persistir en la oración.

Presta atención a algunas de las oraciones largas y cortas de Jesús. Lo que resulta interesante, es que Él pronunciaba oraciones cortas en momentos muy críticos de Su ministerio. Sorprendentemente, las oraciones cortas trajeron algunos de los milagros más fantásticos de todos los tiempos.

Oraciones largas en el desierto

Entonces Jesús fue llevado por el Espíritu al desierto, para ser tentado por el diablo. Y después de haber ayunado cuarenta días y cuarenta noches, tuvo hambre.

Mateo 4:1-2

Oraciones largas a la madrugada

Levantándose muy de mañana, SIENDO AÚN MUY OSCURO, salió y se fue a un lugar desierto, Y ALLÍ ORABA.

Marcos 1:35

Oraciones largas en la montaña para elegir a los discípulos

En aquellos días él fue al monte a orar, y pasó la noche orando a Dios. Y cuando era de día, llamó a sus discípulos, y escogió a doce de ellos, a los cuales también llamó apóstoles:

Lucas 6:12-13

Oraciones largas en el huerto de Getsemaní

Vino luego a sus discípulos, y los halló durmiendo, y dijo a Pedro: ¿Así que NO HABÉIS PODIDO VELAR CONMIGO UNA HORA? Velad y orad, para que no entréis en tentación; el espíritu a la verdad está dispuesto, pero la carne es débil. Otra vez fue, y ORÓ por segunda vez, diciendo: Padre mío, si no puede pasar de mí esta copa sin que yo la beba, hágase tu voluntad.

Mateo 26:40-42

Oraciones largas por la unidad

Estas cosas habló Jesús, y levantando los ojos al cielo, dijo: Padre, la hora ha llegado; glorifica a tu Hijo, para que también tu Hijo te glorifique a ti;

Juan 17:1

Oraciones cortas para resucitar a los muertos

Entonces quitaron la piedra de donde había sido puesto el muerto. Y JESÚS, ALZANDO LOS OJOS A LO ALTO, DIJO: PADRE, GRACIAS TE DOY POR HABERME OÍDO. Yo sabía que siempre me oyes; pero lo dije por causa de la multitud que está alrededor, para que crean que tú me has enviado. Y HABIENDO DICHO ESTO, CLAMÓ a gran voz: ¡Lázaro, ven fuera!

Juan 11:41-43

Oraciones cortas por los enfermos

Entonces Jesús dijo al centurión: Ve, y como creíste, te sea hecho. Y su criado fue sanado en aquella misma hora.

Mateo 8:13

Oraciones cortas por el perdón de los pecados del mundo

> Y Jesús decía: Padre, perdónalos, porque no saben lo que hacen. Y repartieron entre sí sus vestidos, echando suertes.
>
> Lucas 23:34

6. Misteriosamente, parece que podemos razonar y negociar con Dios.

El profeta Isaías llama a los seres humanos a razonar con Dios. Siendo Dios tan grande, ¿cómo puede alguien tan pequeño e insignificante como tú o yo hablar, negociar o siquiera razonar con Él? Pero parece que podemos negociar con Él como lo hizo Abraham.

> VENID AHORA, Y RAZONEMOS —dice el SEÑOR— aunque vuestros pecados sean como la grana, como la nieve serán emblanquecidos; aunque sean rojos como el carmesí, como blanca lana quedarán.
>
> Isaías 1:18 (LBLA)

> ALEGAD POR VUESTRA CAUSA, dice Jehová; PRESENTAD VUESTRAS PRUEBAS, dice el Rey de Jacob.
>
> Isaías 41:21

La famosa negociación de Abraham

Abraham es conocido por una famosa oración en la que negoció por las vidas de una ciudad entera. Discutió con el Señor y razonó con Él sobre por qué no debería destruir las ciudades de Sodoma y Gomorra. Fueron sus famosas negociaciones y razonamientos con Dios los que casi salvaron a Sodoma y Gomorra. Aunque Dios estuvo de acuerdo con todas las condiciones de Abraham, no fueron capaces de encontrar a diez hombres justos.

> Quizá haya cincuenta justos dentro de la ciudad: ¿destruirás también y no perdonarás al lugar por amor a los cincuenta justos que estén dentro de él?

Lejos de ti el hacer tal, que hagas morir al justo con el impío, y que sea el justo tratado como el impío; nunca tal hagas. El Juez de toda la tierra, ¿no ha de hacer lo que es justo?

Entonces respondió Jehová: Si hallare en Sodoma cincuenta justos dentro de la ciudad, perdonaré a todo este lugar por amor a ellos.

Y Abraham replicó y dijo: He aquí ahora que he comenzado a hablar a mi Señor, aunque soy polvo y ceniza.

Quizá faltarán de cincuenta justos cinco; ¿destruirás por aquellos cinco toda la ciudad? Y dijo: No la destruiré, si hallare allí cuarenta y cinco.

Y volvió a hablarle, y dijo: Quizá se hallarán allí cuarenta. Y respondió: No lo haré por amor a los cuarenta.

Y dijo: No se enoje ahora mi Señor, si hablare: quizá se hallarán allí treinta. Y respondió: No lo haré si hallare allí treinta.

Y dijo: He aquí ahora que he emprendido el hablar a mi Señor: quizá se hallarán allí veinte. No la destruiré, respondió, por amor a los veinte.

Y volvió a decir: No se enoje ahora mi Señor, si hablare solamente una vez: quizá se hallarán allí diez. No la destruiré, respondió, por amor a los diez.

Génesis 18:24-32

Un pastor que negocia

Recuerdo el testimonio de un hombre que trabajaba en un proyecto y cayó desde cierta altura sobre una máquina. Fue llevado de urgencia al hospital y estuvo algunos días en coma. Se llamó a su pastor y él estuvo orando en el hospital. Unos meses después, este hombre fue dado de alta y dio testimonio en la iglesia.

Describió cómo, durante su experiencia en el hospital, en realidad había muerto he ido al cielo. Todo allí era tan hermoso que no quería regresar a la tierra. Describió con absoluto detalle a la congregación las escenas del cielo. En cierto punto conoció al Señor Jesús y le dijo lo feliz que estaba de estar en el cielo.

Pero Jesús le dijo:

—Lo siento, ¡pero vas a tener que volver!

—No, no, no —exclamó él—. Nunca voy a volver a la tierra. Estoy muy contento de estar aquí.

Sin embargo, Jesús insistió:

—Lo lamento, tendrás que regresar. Tu pastor no te deja quedarte en el cielo.

—¿Cómo puede ser que mi pastor no me deje quedarme en el cielo? —gritó él—. Nunca voy a volver a la tierra. Ahora que estoy aquí, aquí me quedaré.

Entonces Jesús giró y corrió una especie de cortina. Súbitamente, el hombre oyó la voz de su pastor que oraba desde el hospital. El pastor decía: «No voy a dejarlo morir. Señor, me niego a dejarlo morir. Tiene una familia y necesita quedarse en la tierra». El hombre se maravilló al darse cuenta que las oraciones y las negociaciones de su pastor eran poderosas y efectivas en el cielo.

Todos quedaron impactados con el testimonio de este hombre. Se dieron cuenta de cuán reales y poderosas son las oraciones.

Que no te desconcierte este gran misterio de que el ser humano puede negociar con Dios. Él nos dijo que nos acerquemos y negociemos. Sé que suena fantástico saber que en verdad puedes discutir las cosas con Dios y explicarle por qué quieres a un ser querido, un marido, una esposa o un hijo. Puedes explicarle a Dios por qué anhelas que tu iglesia crezca o por qué deseas que mejore tu negocio. Es tiempo de orar y negociar con tu Padre celestial por lo que necesites.

7. **Misteriosamente, parece que aunque algunos profetas sean hombres con pasiones, pensamientos y sentimientos vergonzosos, Dios presta atención a sus oraciones.**

> Elías era HOMBRE SUJETO A PASIONES SEMEJANTES a las nuestras, y oró fervientemente para que no lloviese, y no llovió sobre la tierra por tres años y seis meses.
>
> Santiago 5:17

> Confesaos vuestras ofensas unos a otros, y orad unos por otros, para que seáis sanados. La oración eficaz del justo puede mucho.
>
> Santiago 5:16

Elías era un hombre que sufría las mismas furiosas pasiones humanas que nosotros. Todos nosotros reconocemos que las pasiones humanas son vergonzosas y escandalosas. Y aun así, Dios responde las oraciones de las personas que tienen estos sentimientos. De hoy en más, ¡no te sientas confundido por tus sentimientos! Eres igual a Elías, un hombre con pasiones como las tuyas. Eres un ser humano y Dios oye las oraciones de los hombres frágiles como tú. Misteriosamente, Dios se encuentra abierto a tus oraciones a pesar de las pasiones y los sentimientos vergonzosos que experimentas. ¿Acaso no son estas buenas noticias?

8. **Misteriosamente, parece que Dios responde las oraciones de manera inmediata.**

A diferencia de las ineficientes oficinas del gobierno que pueden no responder prontamente a nuestras necesidades, Dios escucha nuestras oraciones y las responde enseguida. De algún modo, se tiene la impresión de que Dios se toma su tiempo para responder las oraciones. Es como si Él estuviera titubeando sobre nuestras necesidades. Sentimos que Él podría o no hacer lo que nosotros realmente queremos. Sin embargo, la Biblia nos muestra en diversas ocasiones que Dios sí responde inmediatamente a las oraciones. Fíjate en las respuestas inmediatas que recibieron Ezequías y Daniel.

a. La respuesta inmediata de Ezequías

Ezequías oró por misericordia y una larga vida. Dios respondió a su oración y envió al profeta de regreso a su casa. Antes que el profeta pudiera cruzar el campo ya había llegado la respuesta a su oración. Años atrás probablemente no hubiéramos entendido este fenómeno de las respuestas inmediatas desde un sitio distante. Pero ahora, con la llegada de los teléfonos celulares, podemos entender cómo un mensaje puede llegar a Australia en cuestión de segundos y cómo la respuesta puede regresar con la misma rapidez.

> En aquellos días Ezequías cayó enfermo de muerte. Y vino a él el profeta Isaías hijo de Amoz, y le dijo: Jehová dice así: Ordena tu casa, porque morirás, y no vivirás.
>
> ENTONCES ÉL VOLVIÓ SU ROSTRO A LA PARED, Y ORÓ A JEHOVÁ Y DIJO:
>
> Te ruego, oh Jehová, te ruego que hagas memoria de que he andado delante de ti en verdad y con íntegro corazón, y que he hecho las cosas que te agradan. Y lloró Ezequías con gran lloro.
>
> Y ANTES QUE ISAÍAS SALIESE HASTA LA MITAD DEL PATIO, vino palabra de Jehová a Isaías, diciendo:
>
> Vuelve, y di a Ezequías, príncipe de mi pueblo: Así dice Jehová, el Dios de David tu padre: Yo he oído tu oración, y he visto tus lágrimas; he aquí que yo te sano; al tercer día subirás a la casa de Jehová.
>
> 2 Reyes 20:1-5

b. La respuesta inmediata de Daniel

> En el año tercero de Ciro rey de Persia fue revelada palabra a Daniel, llamado Beltsasar; y la palabra era verdadera, y el conflicto grande; pero él comprendió la palabra, y tuvo inteligencia en la visión.
>
> En aquellos días YO DANIEL ESTUVE AFLIGIDO POR ESPACIO DE TRES SEMANAS.
>
> Daniel 10:1-2

> Entonces me dijo: Daniel, no temas; porque DESDE EL PRIMER DÍA que dispusiste tu corazón a entender y a humillarte en la presencia de tu Dios, FUERON OÍDAS TUS PALABRAS; y a causa de tus palabras yo he venido.
>
> Daniel 10:12

Daniel también recibió una respuesta inmediata a sus oraciones. Él realmente oró durante tres semanas completas. Cuando el ángel se le apareció, informó a Daniel que en realidad sus oraciones habían sido oídas desde el primer día. No era necesario preocuparse aun cuando parecía que Dios se estaba demorando. ¡Dios había respondido de forma inmediata!

c. La respuesta inmediata de Elías

Elías también oró a Dios y fue escuchado al instante. Necesitaba el fuego en un momento en particular para llamar la atención de los profetas de Baal. Dios lo honró y le respondió de inmediato.

> Cuando llegó la hora de ofrecerse el holocausto, se acercó el profeta Elías y dijo: Jehová Dios de Abraham, de Isaac y de Israel, sea hoy manifiesto que tú eres Dios en Israel, y que yo soy tu siervo, y que por mandato tuyo he hecho todas estas cosas.
>
> RESPÓNDEME, JEHOVÁ, RESPÓNDEME, para que conozca este pueblo que tú, oh Jehová, eres el Dios, y que tú vuelves a ti el corazón de ellos.
>
> ENTONCES CAYÓ FUEGO DE JEHOVÁ, y consumió el holocausto, la leña, las piedras y el polvo, y aun lamió el agua que estaba en la zanja.
>
> 1 Reyes 18:36-38

Capítulo 3

Lo que sucede cuando no oras

1. CUANDO NO ORAS, TU VIDA ES DIRIGIDA POR EL AZAR.

¿Qué es *el azar*? *El azar*, es otra forma de decir la casualidad, las circunstancias, la buena suerte, la mala suerte, la buena fortuna, la mala fortuna, la coincidencia, la suerte y un giro del destino.

Desafortunadamente, la casualidad, las circunstancias, la buena y mala suerte, la buena y mala fortuna y las coincidencias también son regidas por otros factores. Las tan mentadas «casualidades» en realidad son regidas por fenómenos naturales y espirituales.

Cómo los factores naturales rigen la «casualidad»

En el mundo natural, sabemos que hay muchas cosas que parecen «casualidades» pero que en realidad no lo son. Por ejemplo, una vez me asombré cuando un autor recibió un contrato para escribir un éxito de ventas.

Yo me pregunté: «¿Cómo pueden saber que su libro será un éxito?».

Luego me enteré que muchos libros denominados éxitos de ventas son designados así aun antes de ser escritos. Que muchos de estos aclamados éxitos no son tales pero son presentados así al público aun antes de que el autor comience a escribirlos.

Se sabe también de algunas editoriales que vuelven a comprar miles de copias de los libros que publican para crear la impresión de que se trata de un éxito de ventas.

Para el asombro de todos, de vez en cuando sale en las noticias que los ganadores de algunos partidos de fútbol o cricket son determinados aun antes de que se jueguen los partidos. ¡Lo que parece obra del destino resulta no ser así para nada! Muchos eventos afortunados son en realidad preparados e implementados por fuerzas humanas invisibles.

Hubo un tiempo en que iba todos los sábados a las carreras de caballos. Al principio creía que el mejor caballo ganaría la carrera. Después creí que el ganador sería el caballo con más suerte. Pero con el tiempo me enteré que ni el mejor ni el más suertudo estaban predestinados a ganar. En realidad, había personas que determinaban quién ganaría y quién no.

Me enteré que los jockeys recibían instrucciones de los dueños de los caballos para retenerlos y evitar que corrieran tan rápido como podrían hacerlo. A veces, se les pedía que se aseguraran de llegar últimos en una carrera. Todo esto para que sus caballos fueran degradados a una división más baja con caballos inferiores y donde cargarían menos peso. Ciertamente, para mi sorpresa, las carreras estaban arregladas para que ciertos apostadores ganaran más dinero.

Si los eventos que aparentemente son regidos por la suerte y la casualidad son en realidad controlados por las decisiones de las personas, entonces tal vez podamos concluir que probablemente no exista la «suerte» ni la «casualidad».

Cómo los factores espirituales rigen la «casualidad»

Los factores espirituales también rigen lo que llamamos «casualidad». En la famosa historia sobre la muerte del rey Acab, vemos cómo murió por un supuesto golpe de mala suerte. El rey estaba disfrazado de cuerpo entero. Nadie sabía quién era. Y a pesar de eso, una flecha perdida alcanzó al rey en una unión de la armadura. ¡Qué gran coincidencia! Ciertamente, ¡pero en realidad no fue una coincidencia! Hubo una reunión en el reino espiritual y un espíritu maligno había sido comisionado para conseguir que Acab fuera a la batalla donde moriría. Lo que pareció ser del destino fue determinado por una decisión de los espíritus malignos. Léelo por ti mismo.

El plan de los espíritus malignos para matar a Acab

Entonces él dijo: Oye, pues, palabra de JEHOVÁ: Yo vi a JEHOVÁ sentado en su trono, y todo el ejército de los cielos estaba junto a él, a su derecha y a su izquierda.

Y JEHOVÁ dijo: ¿QUIÉN INDUCIRÁ A ACAB, PARA QUE SUBA Y CAIGA EN RAMOT DE GALAAD? Y uno decía de una manera, y otro decía de otra.

Y SALIÓ UN ESPÍRITU Y SE PUSO DELANTE DE JEHOVÁ, Y DIJO: YO LE INDUCIRÉ. Y JEHOVÁ le dijo: ¿De qué manera?

Él dijo: Yo saldré, y seré espíritu de mentira en boca de todos sus profetas. Y él dijo: Le inducirás, y aun lo conseguirás; ve, pues, y hazlo así.

Y ahora, he aquí JEHOVÁ ha puesto espíritu de mentira en la boca de todos tus profetas, y JEHOVÁ ha decretado el mal acerca de ti.

1 Reyes 22:19-23

La aparente coincidencia de la muerte de Acab

Y el rey de Israel dijo a Josafat: Yo me disfrazaré, y entraré en la batalla; y tú ponte tus vestidos. Y EL REY DE ISRAEL SE DISFRAZÓ, y entró en la batalla.

Mas el rey de Siria había mandado a sus treinta y dos capitanes de los carros, diciendo: No peleéis ni con grande ni con chico, sino sólo contra el rey de Israel.

Cuando los capitanes de los carros vieron a Josafat, dijeron: Ciertamente éste es el rey de Israel; y vinieron contra él para pelear con él; mas el rey Josafat gritó.

Viendo entonces los capitanes de los carros que no era el rey de Israel, se apartaron de él.

Y UN HOMBRE DISPARÓ SU ARCO A LA e HIRIÓ AL REY DE ISRAEL POR ENTRE LAS JUNTURAS DE

> LA ARMADURA, por lo que dijo él a su cochero: Da la vuelta, y sácame del campo, pues estoy herido.
>
> Pero la batalla había arreciado aquel día, y el rey estuvo en su carro delante de los sirios, y a la tarde murió; y la sangre de la herida corría por el fondo del carro.
>
> 1 Reyes 22:30-35

Esta historia revela una realidad: que la buena y la mala suerte no son tan casuales como parecen. Acab no murió por un triste golpe de mala suerte. La exteriorización de los eventos puede haber parecido coincidencia, pero lo sucedido fue planeado por espíritus malignos.

2. CUANDO NO ORAS, TU VIDA ES REGIDA POR LAS GRANDES MALDICIONES DE ESTE MUNDO.

El curso de este mundo está determinado, principalmente, por tres maldiciones. Estas tres maldiciones fueron instituidas en el inicio de los tiempos y se encuentran en la Biblia. La vida de la mayoría de las personas se desarrolla conforme a estas tres grandes maldiciones. Son: la maldición de Adán, la maldición de Eva y la maldición de Cam.

La maldición de Adán es un castigo para todos los hombres por su desobediencia. Asegura que los hombres sufran y suden en esta vida por la prosperidad y por su existencia.

La maldición de Eva es un castigo para todas las mujeres por su desobediencia. Asegura que las mujeres sean atraídas por los hombres sin poder hacer nada al respecto y que sufran por esta atracción inexorable. También asegura que las mujeres sufran en el matrimonio y al tener hijos.

La maldición de Cam es un castigo para él, el hijo de tez oscura de Noé. Este castigo explica las difíciles condiciones bajo las que sufren las personas de raza negra en todo el mundo. Es una maldición que tiene efecto en cada continente del mundo. Las personas negras de todas partes son las que tienen los índices más bajos de riqueza, salud, educación y calidad de vida. Puede quizás ser esta la única explicación para la condición del hombre negro en todo el mundo.

¿Cómo afecta la oración a estas maldiciones?

Cuando no oras ni intercedes, tu vida seguirá un patrón estereotípico determinado por estas maldiciones. A través de la oración y la intercesión, recibirás sabiduría. Debemos orar, en su mayoría, pidiendo sabiduría.

¡Con sabiduría, las maldiciones son más livianas! Las maldiciones son vencidas y pierden efecto cuando se ora por sabiduría. Esta te será dada para navegar por un curso de vida mejor y diferente. Cuando tienes sabiduría llegan a tu vida riquezas, honor, una larga vida y muchas bendiciones que anulan el efecto de la maldición del hombre.

Bienaventurado el hombre que halla la sabiduría, y que obtiene la inteligencia;

Porque su ganancia es mejor que la ganancia de la plata, y sus frutos más que el oro fino.

Más preciosa es que las piedras preciosas; y todo lo que puedes desear, no se puede comparar a ella.

Largura de días está en su mano derecha; en su izquierda, riquezas y honra. (Proverbios 3:13-16).

A las mujeres también las ayuda la sabiduría. Son libradas de seguir ciegamente a los hombres y de llevar vidas que van de desilusión en desilusión. A través de la sabiduría, que es la ciencia médica, la maternidad no es tan destructiva ni dañina para las mujeres.

El hombre negro, que históricamente siempre estuvo en lo más bajo, se levanta a través del don de la sabiduría. Las personas negras pueden alzarse de la esclavitud a través de la sabiduría. Cuando camina en la sabiduría de Dios, el hombre negro ya no será el último ni el inferior.

Así que orar, especialmente por sabiduría, cambiará enormemente el curso de la vida de una persona y la librará de las maldiciones que dirigen y gobiernan las masas. Sin la oración caerás en los patrones que experimentan todos los hombres, todas las mujeres y todas las personas negras.

3. CUANDO NO ORAS, TU VIDA EN ESTE MUNDO SERÁ REGIDA ENTERNAMENTE POR EL DIOS QUE CONTROLA ESTE MUNDO.

En la Biblia, Satanás es llamado el dios de este mundo.

> En los cuales el dios de este mundo ha cegado el entendimiento de los incrédulos, para que no vean el resplandor del evangelio de la gloria de Cristo, que es la imagen de Dios.
>
> 2 Corintios 4:4 (LBLA)

El dios de este mundo es quien rige y es soberano en los eventos y las circunstancias del mundo. El dios de este mundo, Satanás, es por lo tanto quien dirige los asuntos de este mundo.

Aunque Dios sea el creador de toda la tierra, en cierto sentido Satanás controla y guía los asuntos de nuestro mundo. Es fácil ver que Satanás es el dios de este mundo porque él lo conduce a guerras, conflictos y a las innumerables tristezas y tragedias de la humanidad.

Fue por su gran influencia y control sobre este mundo que Satanás ofreció a Jesús los reinos del mundo para tentarlo. Esta es la razón por la que fue una tentación; porque Satanás realmente tenía a los reinos de este mundo bajo su control. Los ofrecía a Jesús si Él se inclinaba en su presencia.

> Otra vez le llevó el diablo a un monte muy alto, y le mostró todos los reinos del mundo y la gloria de ellos, y le dijo: Todo esto te daré, si postrado me adorares.
>
> Mateo 4:8-9

Cuando no oras, no estás pidiendo a Dios que intervenga en la vida que tienes en esta tierra. Te guste o no, la vida que tienes aquí se encuentra afectada por el jefe de estado de tu país. Del mismo modo, nuestra vida en la tierra se ve muy afectada por quien controla los reinos de la tierra.

El Dios todopoderoso espera que lo invites a intervenir legalmente en los eventos y las circunstancias de tu vida en la tierra. Si no hay intervención, las cosas sucederán de cierta manera. En el libro de Eclesiastés hay una predicción que dice que todos los nacidos en cierto reino serán pobres.

> Porque de la cárcel salió para reinar, AUNQUE EN SU REINO NACIÓ POBRE.
>
> Eclesiastés 4:14

Ciertamente, todos los que nacen en ciertas partes del mundo suelen ser pobres. Si vives en determinados países serás pobre a menos que exista alguna intervención especial.

En efecto, todos necesitamos la intervención especial del Señor porque vivimos y trabajamos en un mundo gobernado por un ser muy perverso. ¿Entiendes ahora por qué el mundo está lleno de dolor y tristeza?

¿Cómo puedes vivir en este mundo sin clamar a Dios para que entre e intervenga en tu vida que se encuentra a merced de este terrible y perverso enemigo caído de Dios? Es tiempo de orar y encomendarte a Dios. Es tiempo de liberarte de los patrones y los estereotipos que Satanás ha preparado para aquellos que viven en este mundo.

4. CUANDO NO ORAS, NO INTERVIENES NI MODIFICAS LOS EVENTOS QUE SUCEDEN EN EL REINO ESPIRITUAL.

Los seres y los eventos espirituales provocan muchas cosas en el mundo natural. En el libro de Apocalipsis podrás ver cómo se abren sellos, se soplan trompetas y se derraman copas sobre la tierra. Cada sello abierto y cada trompeta tocada desencadenaron algún evento en la tierra.

Cuando oras, ingresas en el reino espiritual y afectas lo que allí sucede.

«Porque el que habla en lenguas no habla a los hombres, sino a Dios; pues nadie le entiende, aunque por el Espíritu habla misterios» (1 Corintios 14:2). En otras palabras, la oración opera en el reino espiritual.

Léelo tú mismo y verás cómo la remoción de los sellos espirituales en el mundo espiritual desencadenó los eventos más importantes de nuestro mundo físico. Caballos blancos, negros, bermejos y amarillos comenzaron a galopar en el espíritu trayendo consigo grandes cambios para la tierra. Cada vez que oras, ¡estás haciendo algo espiritual! Cuando oras, estás interrumpiendo los eventos espirituales y afectando lo que sucede en el reino espiritual.

> Vi cuando el Cordero abrió uno de los sellos, y oí a uno de los cuatro seres vivientes decir como con voz de trueno: Ven y mira. Y miré, y he aquí un caballo blanco; y el que lo montaba tenía un arco; y le fue dada una corona, y salió venciendo, y para vencer.
>
> Cuando abrió el segundo sello, oí al segundo ser viviente, que decía: Ven y mira. Y salió otro caballo, bermejo; y al que lo montaba le fue dado poder de quitar de la tierra la paz, y que se matasen unos a otros; y se le dio una gran espada.
>
> Cuando abrió el tercer sello, oí al tercer ser viviente, que decía: Ven y mira. Y miré, y he aquí un caballo negro; y el que lo montaba tenía una balanza en la mano.
>
> Y oí una voz de en medio de los cuatro seres vivientes, que decía: Dos libras de trigo por un denario, y seis libras de cebada por un denario; pero no dañes el aceite ni el vino.
>
> Cuando abrió el cuarto sello, oí la voz del cuarto ser viviente, que decía: Ven y mira.
>
> Miré, y he aquí un caballo amarillo, y el que lo montaba tenía por nombre Muerte, y el Hades le seguía; y le fue dada potestad sobre la cuarta parte de la tierra, para matar con espada, con hambre, con mortandad, y con las fieras de la tierra.
>
> Apocalipsis 6:1-8

5. CUANDO NO ORAS, TU VIDA ES REGIDA POR LA MALDAD DEL HOMBRE.

> Sabemos que ... el mundo entero está bajo el maligno.
>
> 1 Juan 5:19

La influencia de la maldad en el hombre está creciendo. La voluntad del hombre no es la voluntad de Dios. La voluntad del hombre suele ser la voluntad de Satanás. El mundo entero descansa en la maldad. Tu vida no puede ser regida por la maldad del hombre. El mal se está multiplicando y la depravación del hombre se vuelve cada vez más pronunciada. Cuando alguien es exitoso, los que lo rodean lo envidian.

> He visto asimismo que todo trabajo y toda excelencia de obras despierta la envidia del hombre contra su prójimo. También esto es vanidad y aflicción de espíritu.
>
> Eclesiastés 4:4

Este desafortunado estado del corazón humano da lugar a las terribles maldades de nuestro mundo. Sin importar el bien que hagas, los hombres te odiarán, envidiarán y sentirán aversión hacia ti. Esta será tu recompensa por todas tus contribuciones a la sociedad. Solo se levantarán estatuas en tu nombre cuando estés muerto y enterrado.

Esta es una de las importantes razones por las que debes orar más. La maldad de la humanidad puede abrumarte y dominar tu vida.

¿Con qué se encontró Jesucristo cuando vino a este mundo? ¡Celos, temores, maldad, traición y conflictos humanos! Estas características humanas han tomado el control y determinado el curso de los eventos de este mundo.

Es por esto que Jesús oró en el huerto de Getsemaní. Había muchas fuerzas que operaban para conducirlo a Su muerte antes de tiempo. Los fariseos lo envidiaban. Muchos judíos lo odiaban. Los romanos lo despreciaban. Los soldados deseaban su dinero. Judas era desleal y codicioso. Los verdugos estaban llenos de maldad y no tenían sentimientos. Poncio Pilato quería poder político. La esposa de Poncio Pilato estaba llena de miedos. En resumen, había muchas fuerzas poderosas y violentas que influían en los hechos. La más fuerte de estas fuerzas prevalecería.

Pero la vida de Jesús era demasiado importante para estar regida por el odio, los celos, los miedos y las ambiciones de hombres malvados. La vida y el ministerio de Jesús estarían gobernados por Dios y no por la naturaleza humana.

Es por esto que Jesús estuvo tantas horas en el huerto de Getsemaní. Oró para que se hiciera la voluntad de Dios. Su juicio podría haber tomado muchas direcciones diferentes.

Todos aquellos que fueron sanados por Jesús se pudieron haber presentado para atestiguar que Él era una buena persona.

El centurión cuyo siervo fue sanado podría haber aparecido en el juicio y cambiar el curso de los eventos.

Las masas podrían haberse sentido ofendidas y temerosas al ver que Pilato se lavaba las manos frente a ellos.

Las multitudes podrían haber rechazado la liberación de Barrabás y pedido la libertad para Cristo.

Judas podría haber cambiado de idea sobre traicionar a Jesús y podría haberse arrepentido de sus malas ideas.

Jesús mismo podría haber elegido no ir a la cruz, ¡por el dolor físico y el extremo sufrimiento! Entonces, no hubiera muerto en la cruz debido al terrible e insoportable sufrimiento.

Es por esto que Jesús oró tanto tiempo y con tal fervor en el huerto de Getsemaní. Quería que se hiciera la voluntad de Dios. Oraba para que su Padre interviniera, para que se hiciera la voluntad de Dios y no la del hombre. Oraba para que Su vida no fuera gobernada por los celos, la ambición, el odio, el olvido, la deslealtad, la ingratitud y la maldad del hombre.

Si no oras, tu vida será regida y controlada por la voluntad del hombre. ¿Quieres que tu vida siga la voluntad de Dios o la voluntad del hombre? Las deslealtades, los miedos, los celos, la ambición y el odio del hombre destruirán los lindos planes que tienes para tu vida y te llevarán a donde nunca habías planeado ir.

Entrégate a la voluntad de Dios a través de la oración. Ora hasta que se cumpla Su voluntad. Lo opuesto a la voluntad de Dios, es la voluntad del hombre. Y la voluntad del hombre suele estar dirigida por Satanás. Jesús reprendió a Pedro por estar en contra de la cruz. Él le dijo: A ti te gustan las cosas de los hombres, quieres que las cosas sucedan a la manera del hombre. Jesús le hizo ver que la voluntad del hombre era la voluntad de Satanás.

Y tomándole aparte, Pedro comenzó a reprenderle, diciendo: ¡No lo permita Dios, Señor! Eso nunca te acontecerá.

> Pero volviéndose El, dijo a Pedro: ¡Quítate de delante de mí, Satanás! Me eres piedra de tropiezo; porque NO ESTÁS PENSANDO EN LAS COSAS DE DIOS, SINO EN LAS DE LOS HOMBRES.
>
> Mateo 16:22-23 (LBLA)

Capítulo 4

Cómo hablar con una persona importante

Orar es hablar con una persona importante llamada Jehová: ¡Yo soy el que soy! Él es el más grande de todos. Es el Creador del cielo y de la tierra. Él es el Señor de Señores. ¡Él conoce el principio y el final! ¡No hay nadie como Él! ¡Nadie puede tocar nuestra vida como Él lo hace! ¡Cuán grande es nuestro Dios y cuán grande es Su nombre!

Cada vez que oramos, nos presentamos ante el Dios grande y eterno. Debe existir una manera apropiada de hablar con Él. Debemos aprender cómo hablar con este grandioso Dios. Una forma simple de aprender a orar es aprender cómo hablarle a una persona importante. Ciertamente, muchos de los principios que deben usarse para hablar con una persona importante son los mismos que se usan en la oración. ¿Cuáles son los principios que debes tener presente cuando te diriges a una persona importante?

1. NO MENCIONES NI PIDAS POR TUS NECESIDADES AL COMIENZO DE TU INTERACCIÓN.

Puede que tengas una necesidad legítima y que la persona importante sea la indicada para resolver tu problema. Tal vez tu necesidad sea algo muy noble y correcto.

Sin embargo, el momento en que vayas a mencionar tu necesidad es crucial. Resulta muy tentador pedirle lo que necesitas a esa persona importante. Puede que sepas que esa persona importante tiene lo que necesitas. Incluso puedes saber que él puede suplir tus necesidades con facilidad. No obstante, debes controlarte y no mencionarle tus necesidades.

Hace muchos años, cuando vivía en Londres, estaba en quiebra y muy necesitado. Cada vez que conocía a un tío o un pariente, inmediatamente quería informarle cuánto necesitaba algunas libras. Podía ver que ellos tenían muchas. Podía ver que ellos no sabían que yo no tenía dinero. Podía ver que eran completamente ajenos a mi terrible situación. Y cuán tentado estaba de soltar un: «Por favor, dame cincuenta libras». Es natural querer decirle a las personas importantes qué necesitas cuando los ves.

Sin embargo, cuando Jesús nos enseñó a orar, Él nos enseñó a no mencionar nuestras necesidades primero. Nuestras necesidades deben ser mencionadas mucho más adelante en la interacción, si es que se llegan a mencionar. Hace muchos años, en mi primer encuentro con el importante pastor Yonggi Cho, lo invité a venir a Ghana a consagrar mi iglesia. Pero fue un error. Él se negó rotundamente y yo salí de la reunión deprimido y desanimado. Él mencionó algunas malas experiencias que había tenido con otros pastores africanos. No pude culparlo porque él ni siquiera me conocía. La consagración de mi iglesia fue arrojada por la ventana.

Sin embargo, luego de varios años de relación, él mismo decidió venir a Ghana por su propia cuenta y consagrar mi iglesia. También le pedí muchas otras cosas que recibo fácilmente. Solo le envié un correo electrónico y recibí una respuesta afirmativa.

Aprendí la valiosa lección de no mencionar mis necesidades al comienzo de una relación ni de una conversación. Jesús nos enseñó a orar de este modo o según este modelo. El modelo es claro: debemos mencionar las necesidades más adelante.

> VOSOTROS, PUES, ORARÉIS ASÍ: Padre nuestro que estás en los cielos, santificado sea tu nombre.
>
> Venga tu reino. Hágase tu voluntad, como en el cielo, así también en la tierra.
>
> El pan nuestro de cada día, dánoslo hoy.
>
> Y perdónanos nuestras deudas, como también nosotros perdonamos a nuestros deudores.
>
> Y no nos metas en tentación, mas líbranos del mal; porque tuyo es el reino, y el poder, y la gloria, por todos los siglos. Amén.
>
> Mateo 6:9-13

2. NO MENCIONES NI PIDAS POR TUS DESEOS AL COMIENZO DE TU INTERACCIÓN.

Cuando la reina Ester fue a ver al rey para pedir por la vida de su pueblo, los judíos, sabiamente usó esta antigua estrategia para hablar con una persona importante. No expresó inmediatamente sus deseos. Evitó el error que cometen muchas personas cuando desean ayuda o asistencia de una persona importante. No pidió al rey lo que deseaba sino recién en la segunda noche de su interacción.

Ella solo estuvo con él, conversó con él y disfrutó de su presencia. Al segundo día, el rey mismo fue quien empezó a presionarla para que le dijera qué necesitaba y qué quería. Léelo tú mismo:

> Fue, pues, el rey con Amán al banquete de la reina Ester.
>
> Y en EL SEGUNDO DÍA, mientras bebían vino, dijo el rey a Ester: ¿CUÁL ES TU PETICIÓN, reina Ester, y te será concedida? ¿Cuál es tu demanda? Aunque sea la mitad del reino, te será otorgada.
>
> Entonces la reina Ester respondió y dijo: Oh rey, si he hallado gracia en tus ojos, y si al rey place, séame dada mi vida por mi petición, y mi pueblo por mi demanda.
>
> Ester 7:1-3

Evita cometer este grave error de decir lo que quieres al comienzo de tu interacción con una persona importante. Muchas personas destruyeron sus relaciones y dejaron de conversar con personas importantes por pedirles una computadora portátil, una bicicleta o incluso dinero.

Si hubieran aprendido cómo hablar con una persona importante sin sacar a relucir sus necesidades o deseos, probablemente hubieran desarrollado una relación fuerte e íntima y un día habrían recibido lo que deseaban.

3. APRENDE A HABLAR GENUINAMENTE SOBRE LA GRANDEZA DE ESA PERSONA IMPORTANTE.

Si hablas sobre la grandeza de una persona importante de forma no sincera, irritarás a esa persona. Una persona importante puede ver a través de los halagos. Tenemos que empezar nuestra interacción con el Señor agradeciendo, honrándolo y alabándolo. Toda persona importante te tomará cariño cuando le digas cosas agradables.

Un día, mientras conversaba con un hombre rico, le pregunté si apoyaba a algún partido político. Él rió y me dijo: «Una vez apoyé a un partido político y les di mucho dinero, pero ya no hago eso».

«¿Y por qué no?», le pregunté.

Él rió y dijo: «Hace unos años, unos políticos se me acercaron y me dijeron cosas agradables. Me dijeron que yo era una de las personas más sabias del país».

Y continuó diciendo: «Como un tonto, me tragué lo que decían y creí que yo era una de las personas más sabias del país. Y les di mucho dinero. Ahora, aunque me digan que soy el más sabio, el más inteligente o el más astuto del mundo, no les creo. Simplemente no regalo mi dinero».

Verás, el político había hablado sabiamente con este hombre importante y le dijo palabras agradables que él quería oír. Todos querrían que les dijeran que son la persona más sabia del país. El político había aprendido el arte de hablar con una persona importante. Dios se impresiona de la misma manera cuando nos acercamos en alabanza, honor y adoración que provengan de nuestro corazón.

Por supuesto que Dios puede ver a través de la hipocresía y las palabras vacías. «Y orando, no uséis vanas repeticiones, como los gentiles, que piensan que por su palabrería serán oídos» (Mateo 6:7).

Y ciertamente debemos aprender el arte de acercarnos a Dios con palabras genuinas de alabanza y honor. Debemos decirle cosas que nosotros realmente creemos verdaderas. Tenemos que ingresar por Sus puertas con acción de gracias y por Sus atrios con alabanzas. Así es como se empieza a hablar con el gran Dios: con acción de gracias, alabanza y honor.

> Entrad por sus puertas con acción de gracias, por sus atrios con alabanza; alabadle, bendecid su nombre.
>
> Salmos 100:4

4. APRENDE CÓMO SENTIRTE CÓMODO ESTANDO MUCHO TIEMPO EN LA PRESENCIA DE UNA PERSONA IMPORTANTE SIN ESTAR NERVIOSO.

La capacidad de estar en el mismo lugar que una persona importante sin desear irse o mirar la hora es algo importante. Esa clase de gente se da cuenta de aquellos que están incómodos y nerviosos en su presencia. Nadie quiere ser un «no deseado». Yo no quiero estar en la presencia de personas que no quieren estar conmigo. No me gusta estar con personas que miran constantemente su reloj deseando que termine el tiempo que deben estar en mi presencia.

Puedes aprender a sentirte cómodo en la presencia de Dios tocando música o predicando mensajes. Esto crea una atmósfera que te permite permanecer cómodamente en la presencia de Dios por mucho tiempo.

También puedes poner videos o reproducir las reuniones de la iglesia del principio hasta el final. Esto genera una atmósfera que te permite permanecer en Su presencia por periodos aún más largos. De algún modo te sientes más relajado, menos nervioso y menos ansioso por alejarte de Su presencia. Dios ama a las personas que no están apuradas por irse. Dios ama hablar con personas que no tienen prisa por irse a otro sitio.

> Guarda silencio ante Jehová, y espera en él. No te alteres con motivo del que prospera en su camino, por el hombre que hace maldades.
>
> Salmos 37:7

> Pero los que esperan a Jehová tendrán nuevas fuerzas; levantarán alas como las águilas; correrán, y no se cansarán; caminarán, y no se fatigarán
>
> Isaías 40:31

5. APRENDE A HABLAR CON UNA PERSONA IMPORTANTE SOBRE LAS COSAS QUE ELLA DIJO O ESCRIBIÓ.

Si permanecéis en mí, y MIS PALABRAS PERMANECEN EN VOSOTROS, pedid todo lo que queréis, y os será hecho.

Juan 15:7

Qué impresionante es cuando hablas con alguien que conoce lo que dijiste o escribiste. Asegúrate de recordarle a esa persona importante las cosas que dijo, citando declaraciones que haya hecho.

Cuando puedes repetir las palabras de una persona importante, entonces revelas tu inteligencia. Revelas tu entendimiento de la sabiduría que importa.

Como autor, siempre me ha impresionado conocer a personas que saben lo que dije y lo que escribí. La manera más fácil de entablar conversación con una persona importante es empezar hablando de todas las cosas que dijo esa persona.

Cierta vez hablé con una niña en una reunión de la iglesia para ver si podía mantener una conversación conmigo. Me maravilló que ella citara distintas cosas que yo había dicho en el pasado. Citó de mi libro El arte de escuchar. Me dijo que yo había escrito sobre doce tipos de voces que son importantes para cada cristiano. Me sorprendió su conocimiento de mis diferentes enseñanzas. Ella siguió hablándome por una hora y me encariñé con ella, porque me impresionaba que me conociera tan bien.

Jesús dijo: «Si mis palabras permanecen en vosotros, pedid todo lo que queréis, y os será hecho». Cuanto más sepas sobre lo que dijo Dios, más podrás hablar con Él. Cuanto más sepas sobre lo que dijo Dios, más y mejor podrás hablarle con inteligencia y de la manera apropiada.

Cuando conozcas las palabras que dijo Dios entonces podrás hablar con el Señor conforme a sus propias palabras.

Y esta es la confianza que tenemos en él, que si PEDIMOS ALGUNA COSA CONFORME A SU VOLUNTAD, él nos oye. Y si sabemos que él nos oye en cualquiera cosa que pidamos, sabemos que tenemos las peticiones que le hayamos hecho.

1 Juan 5:14-15

6. APRENDE A HABLAR SOBRE EL PROPÓSITO MÁS IMPORTANTE Y LAS METAS QUE UNA PERSONA IMPORTANTE TIENE EN LA VIDA.

En el mundo natural, el propósito de las personas más importantes gira en torno a los negocios, a la política y a los eventos del día. Si no puedes hablar sobre estos temas con una persona importante, lo más probable es que no puedas permanecer por mucho tiempo en su presencia.

De la misma manera, Dios tiene grandes intereses. Estos intereses son Su obra y Su propósito eterno. Cuanto más puedas hablar con Dios sobre Su obra y Su propósito eterno, más tendrás para decir en oración.

Mateo 28:18 sintetiza los grandes intereses que el Señor Jesús tiene en la tierra. Su gran propósito es salvar a todas las naciones construyendo y plantando iglesias y enseñando la Palabra de Dios.

Si estás involucrado en la construcción de una iglesia tendrás mucho de qué hablar con Dios. Puedes estar con Él durante horas mientras oras para que se haga Su voluntad en la iglesia.

Es por esto que los pastores y aquellos que trabajan para Dios son los que tienen más motivos para orar. Si deseas mejorar tu vida de oración, comienza a trabajar para Dios. Cuanto más trabajes para Dios, más temas de oración tendrás.

Por tanto, id, y haced discípulos a todas las naciones, bautizándolos en el nombre del Padre, y del Hijo, y del Espíritu Santo; enseñándoles que guarden todas las cosas que os he mandado; y he aquí yo estoy con vosotros todos los días, hasta el fin del mundo. Amén.

Mateo 28:19-20

Jesu Cristo pasó tres horas orando en el huerto de Getsemaní pidiendo que se cumpliera la voluntad de Dios. Cualquiera que obre para que se haga la voluntad de Dios estará horas en Su presencia. Jesús pasó horas poniendo su vida en las manos de Dios y sometiéndose a Su voluntad. Le sorprendió que futuros pastores, como Pedro y Juan, no pudieran hacerlo ni siquiera por una hora. Pedro y el resto de los discípulos eran solo estudiantes. Aun no trabajaban para Dios. Jesús era quien trabajaba activamente para el Señor. Y es por esto que no podía dormir esa noche. Los estudiantes se durmieron pero el trabajador permaneció despierto y oró al Señor por tres horas. Este es un patrón que puedes encontrar en toda la iglesia. ¡Los trabajadores oran y los miembros duermen! ¿Eres un trabajador? Cuando te conviertas en un genuino trabajador, orarás por muchas horas.

Vino luego a sus discípulos, y los halló durmiendo, y dijo a Pedro: ¿Así que no habéis podido velar conmigo una hora?

Mateo 26:40

7. APRENDE A HABLAR SOBRE LAS COSAS QUE LE GUSTAN A UNA PERSONA IMPORTANTE.

A las personas importantes les gustan diversas cosas. A algunas les gusta el fútbol. A otras el golf. A algunas personas importantes les gusta el tenis. A muchas de ellas les gusta el dinero, las acciones y los bonos.

Tal vez estas cosas no sean el propósito que tienen esas personas importantes para esta vida, pero les gustan y les gusta hablar sobre ellas. Si no tienes nada que decir sobre golf, tal vez no puedas sostener una conversación interesante con una persona importante. Si no tienes nada que decir sobre los negocios, la política, el dinero, las acciones y los bonos, tal vez no tengas mucho que decirle a una persona importante.

Del mismo modo, hay cosas que le gustan a Dios.

¿Qué le gusta a Dios? Porque de tal manera amó Dios al mundo, que ha dado a su Hijo unigénito. Dios ama a los pecadores. Dios ama el evangelismo. Tendrás que aprender a hablar con Dios sobre las personas perdidas del mundo y los pecadores por los que Él vino a morir.

Las personas no oran por mucho tiempo porque no lo hacen por la salvación de las almas. No les interesan las almas y, por lo tanto, no les interesa lo que Dios ama. Y es por esto que no son capaces de sostener una conversación con el Señor.

> Porque de tal manera amó Dios al mundo, que ha dado a su Hijo unigénito, para que todo aquel que en él cree, no se pierda, mas tenga vida eterna.
>
> Juan 3:16

> Porque el Hijo del Hombre vino a buscar y a salvar lo que se había perdido.
>
> Lucas 19:10

Las personas no oran durante mucho tiempo porque no interceden por aquellos que están por ir al infierno a quemarse en el lago de fuego. Todos los cristianos que pasan mucho tiempo clamando a Dios por las almas perdidas tendrán mucho de qué orar y pasarán horas en la presencia de Dios.

Abraham pasó horas negociando con Dios por los ciudadanos de Sodoma y Gomorra que estaban a punto de ser quemados por el fuego del juicio. Estaba intercediendo por esas personas perdidas. Y es por eso que su oración se encuentra registrada como una de las más famosas en la Palabra de Dios.

8. APRENDE A PEDIR POR LO QUE LA PERSONA IMPORTANTE PIENSA QUE NECESITAS.

No pidas cosas que la persona importante no tiene intenciones de hacer. No pierdas el tiempo pidiendo cosas que claramente no están en sus planes o no son su voluntad. Debes analizar y juzgar cuál crees que es el deseo y la voluntad de la persona importante para ti. Eso es lo que debes pedir. Pide lo que esa persona cree que necesitas. Eso es lo que obtendrás. Y luego empezarás a obtener otras cosas. Podemos discernir la voluntad y los deseos de Dios a través de la Biblia. Ahí quedan en claro muchas cosas que Dios desea para nosotros y que están en Su voluntad. Esas son las cosas por las que tenemos que tomarnos el tiempo para pedir. Es mucho más productivo pedir cosas que ya están específicamente establecidas que hacer pedidos extraños que esa persona importante no tiene intenciones de cumplir.

> Y esta es la confianza que tenemos en él, que si pedimos alguna cosa conforme a su voluntad, él nos oye.
>
> 1 Juan 5:14

¡La mayoría de las personas ricas e importantes no creen que la gente pobre necesite dinero! La mayor parte de las naciones ricas no creen que las naciones pobres y en vías de desarrollo necesiten dinero. Los presidentes de América y Europa creen que los países pobres y en vía de desarrollo necesitan democracia y leyes vigentes más que ninguna otra cosa. Creen que las naciones pobres necesitan erradicar la corrupción. También piensan que las naciones pobres necesitan buena educación y buena salud.

¿Acaso no has notado que cuando los países ricos asisten a las naciones pobres lo hacen en áreas específicas? Ayudan con las elecciones, ayudan con la educación y lo hacen con la salud. Pero no ayudan donando aviones ni helicópteros presidenciales.

Dios no cree que necesitemos dinero. Él cree que necesitamos sabiduría y al Espíritu Santo.

Mientras lees la Biblia, descubrirás que se nos muestran muy pocos temas de oración. Estas son las cosas más importantes por las que orar. Son las cosas que Dios cree que necesitamos. Dios cree que necesitamos al Espíritu Santo. Jesús nos prometió el Espíritu Santo para ayudarnos y fortalecernos. Cuando pidas estas cosas, las recibirás. Cuando pidas helicópteros presidenciales, no los recibirás.

> ¿Qué padre de vosotros, si su hijo le pide pan, le dará una piedra? ¿o si pescado, en lugar de pescado, le dará una serpiente?
>
> ¿O si le pide un huevo, le dará un escorpión?
>
> Pues si vosotros, siendo malos, sabéis dar buenas dádivas a vuestros hijos, ¿cuánto más vuestro Padre celestial dará el Espíritu Santo a los que se lo pidan?
>
> Lucas 11:11-13

Existen muchas razones por las que Dios nos dijo que oremos por el Espíritu Santo. El Espíritu Santo es Dios y Él nos ayudará a vivir una vida sobrenatural, santa y honrada. En lugar de desperdiciar el tiempo orando por cosas que nunca nos serán concedidas, empecemos a pedir cosas que pueden serlo y lo serán.

Unas de las cosas más importantes por las que orar son sabiduría y revelación. Estas son las oraciones que Dios va a responder. Son algunos de los pedidos que impresionan a Dios. Esta es una de las razones por las que a Salomón se lo consideraba sabio. Cuando Dios le preguntó qué quería, él pidió sabiduría. Y a través de esa sabiduría obtuvo todo lo demás. A Dios le impresionó tanto su tema de oración que le dio todas las otras cosas que no pidió.

> Y se le apareció Jehová a Salomón en Gabaón una noche en sueños, Y LE DIJO DIOS: PIDE LO QUE QUIERAS QUE YO TE DÉ.
>
> Y Salomón dijo: Tú hiciste gran misericordia a tu siervo David mi padre, porque él anduvo delante de ti en verdad, en justicia, y con rectitud de corazón para contigo; y tú le has reservado esta tu gran misericordia, en que le diste hijo que se sentase en su trono, como sucede en este día.
>
> Ahora pues, Jehová Dios mío, tú me has puesto a mí tu siervo por rey en lugar de David mi padre; y yo soy joven, y no sé cómo entrar ni salir.
>
> Y tu siervo está en medio de tu pueblo al cual tú escogiste; un pueblo grande, que no se puede contar ni numerar por su multitud.

DA, PUES, A TU SIERVO CORAZÓN ENTENDID para juzgar a tu pueblo, y para discernir entre lo bueno y lo malo; porque ¿quién podrá gobernar este tu pueblo tan grande?

Y AGRADÓ DELANTE DEL SEÑOR QUE SALOMÓN PIDIESE ESTO.

Y le dijo Dios: Porque has demandado esto, y no pediste para ti muchos días, ni pediste para ti riquezas, ni pediste la vida de tus enemigos, sino que demandaste para ti inteligencia para oír juicio, he aquí lo he hecho conforme a tus palabras; he aquí que te he dado corazón sabio y entendido, tanto que no ha habido antes de ti otro como tú, ni después de ti se levantará otro como tú.

Y AUN TAMBIÉN TE HE DADO LAS COSAS QUE NO PEDISTE, riquezas y gloria, de tal manera que entre los reyes ninguno haya como tú en todos tus días.

1 Reyes 3:5-13

Capítulo 5

Cómo puede beneficiarte orar en lenguas

> **Y de igual manera el Espíritu nos ayuda en nuestra debilidad; PUES QUÉ HEMOS DE PEDIR COMO CONVIENE, NO LO SABEMOS, pero el Espíritu mismo intercede por nosotros con gemidos indecibles.**
>
> **Romanos 8:26**

Tal vez lo que te resulta más difícil cuando hablas con una persona importante es saber de qué hablar. Dios comprende esta dificultad y esta limitación que tenemos. Y, por lo tanto, nos ha dado el don del Espíritu Santo para que nos ayude en la oración. Aun cuando conoces todos los principios y los versículos sobre la oración, sigue siendo difícil saber exactamente qué pedir y cómo conviene hacerlo. Recuerda que el Espíritu Santo es llamado el Ayudador y que para eso está aquí.

A lo largo del Nuevo Testamento, cada vez que las personas recibían el Espíritu Santo se liberaba un fenómeno maravilloso. Comenzaban a hablar en lenguas que no entendían. Eran idiomas celestiales. Eran las lenguas de los hombres y las de los ángeles.

Cuando hablas en lenguas, el Espíritu Santo se hace cargo y te ayuda a orar. El que habla eres tú pero el Espíritu Santo es quien te da las palabras y la pronunciación (Hechos 2:4)

Estas increíbles lenguas son también evidencia de que el Espíritu Santo mora en los creyentes.

Estas lenguas maravillosas se caracterizan por el tartamudeo.

Cuando las personas hablan en lenguas, oirás con frecuencia muchos *ma ma ma* y *ba ba ba*. Eso que oyes son los labios que tartamudean.

> Porque en lengua de tartamudos, y en extraña lengua hablará a este pueblo.
>
> Isaías 28:11

En el segundo, octavo, noveno, décimo y decimonoveno capítulo del libro de Hechos hay historias maravillosas de personas que reciben el Espíritu Santo. Estos ejemplos confirman que el rasgo más común de quienes recibieron el Espíritu Santo es hablar en lenguas y profetizar.

Mientras lees este libro, quiero que tengas fe para recibir el Espíritu Santo y también para hablar en lenguas. Cuando hables en lenguas recibirás ayuda para pasar más tiempo en presencia de una persona importante. Orarás por más tiempo y con mayor intensidad. Recibirás apoyo. Te animarán y podrás orar.

Ahora quiero compartir contigo algunos pasos simples que te ayudarán a recibir al Espíritu Santo y a hablar en lenguas.

Cómo recibir el Espíritu Santo

1. CONFIESA TUS PECADOS.

Confiesa tus pecados y pide perdón a Dios por todos los errores que has cometido. Una vez que estés limpio por la sangre de Jesús, estarás listo para recibir el Espíritu Santo. La sangre siempre viene antes que el aceite. En el Antiguo Testamento, los sacerdotes eran ungidos con sangre y luego con aceite. La sangre te limpia y te hace puro. ¡Lo bastante como para recibir el Espíritu Santo! Solo después de ser limpio de todo pecado por la sangre de Jesús podrás recibir el Espíritu Santo.

> Y el sacerdote tomará de la SANGRE de la víctima por la culpa, y la pondrá el sacerdote sobre el lóbulo de la oreja derecha del que se purifica, sobre el pulgar de su mano derecha y sobre el pulgar de su pie derecho.
>
> Asimismo el sacerdote tomará del log de ACEITE, y lo echará sobre la palma de su mano izquierda.
>
> Levítico 14:14-15

2. PIDE EL ESPÍRITU SANTO.

Ora al Padre para recibir el Espíritu Santo. Esta es una de las únicas cosas por las que Jesús nos enseñó que debíamos orar. Recibirás hoy el Espíritu Santo cuando se lo pidas a Él.

> Pues si vosotros, siendo malos, sabéis dar buenas dádivas a vuestros hijos, ¿cuánto más vuestro Padre celestial dará el Espíritu Santo a los que se lo pidan?
>
> Lucas 11:13

3. ABRE TU BOCA Y HABLA CON DIOS.

Cuando oras por el Espíritu Santo, tienes que creer que has recibido el Espíritu Santo. Luego debes abrir tu boca y hablar con Dios. Cuando lo hagas, el Espíritu Santo tomará el control de tu lengua y empezarás a hablar en lenguas. Recuerda que Dios no va a poner una radio en tu estómago que empezará a hablar por si sola. Eres tú quien debe hablar y el Espíritu Santo te dará la habilidad para expresarte. Lee el siguiente versículo y te darás cuenta que lo que debes hacer es hablar mientras el Espíritu Santo te da la habilidad para hacerlo.

> TODOS fueron llenos del Espíritu Santo y COMENZARON A HABLAR en otras lenguas, según EL ESPÍRITU LES DABA HABILIDAD PARA EXPRESARSE.
>
> Hechos 2:4 (LBLA)

4. CONSIGUE QUE UN SIERVO UNGIDO DEL SEÑOR PONGA SUS MANOS SOBRE TI PARA QUE PUEDAS RECIBIR EL ESPÍRITU SANTO.

A lo largo de toda la Biblia, las personas han recibido el Espíritu Santo cuando una persona ungida puso sus manos sobre ellos. Aun Simón, el hechicero, reconocía el poder de la imposición de manos. Notó que cuando posaba las manos sobre las personas, estas recibían el Espíritu Santo y empezaban a hablar en lenguas.

> Cuando vio Simón que por la imposición de las manos de los apóstoles se daba el Espíritu Santo, les ofreció dinero, diciendo: Dadme también a mí este poder, para

que cualquiera a quien yo impusiere las manos reciba el Espíritu Santo.

Hechos 8:18-19

5. ORA HASTA RECIBIR.

Espera poder hablar en lenguas y ora por el Espíritu Santo hasta que hables en lenguas ¿Por qué deberías ser diferente a las personas del libro de Hechos? Todas esas personas, cuando oraron por ello, recibieron el Espíritu Santo y hablaron en lenguas. ¡Espera recibir el mismo Espíritu y hablar en lenguas de la misma manera! Pedir por el Espíritu Santo es pedir en la voluntad de Dios. Ten confianza cuando ores por el Espíritu Santo.

> Y ESTA ES LA CONFIANZA que tenemos en él, que si pedimos alguna cosa conforme a su voluntad, él nos oye. Y si sabemos que él nos oye en cualquiera cosa que pidamos, sabemos que tenemos las peticiones que le hayamos hecho.
>
> 1 Juan 5:14-15

6. SÉ PERSISTENTE.

No te des por vencido cuando no recibas el Espíritu Santo o no hables en lenguas a la primera oportunidad. Continúa orando por el Espíritu Santo. Existen muchas recompensas para aquellos que persisten en la oración. Yo no recibí el Espíritu Santo la primera vez que oré. Tampoco lo recibí cuando alguien puso sus manos sobre mí. Solo recibí el Espíritu Santo luego de varias semanas de orar y ser persistente. Y aunque casi me doy por vencido, nunca lo hice. Y un día, mientras tenía mi tiempo de devocional echado sobre mi cama, empecé a hablar en lenguas. ¡Y qué día tan glorioso fue!

> También les dijo: «¿Quién de ustedes, que tenga un amigo, va a verlo a medianoche y le dice: "Amigo, préstame tres panes, porque un amigo mío ha venido a visitarme, y no tengo nada que ofrecerle"? Aquél responderá desde adentro y le dirá: "No me molestes. La puerta ya está cerrada, y mis niños están en la cama conmigo. No puedo levantarme para dártelos".

> Yo les digo que, aunque no se levante a dárselos por ser su amigo, SÍ SE LEVANTARÁ POR SU INSISTENCIA, Y LE DARÁ TODO LO QUE NECESITE».
>
> Lucas 11:5-8 (RVC)

7. DEJA QUE EL RÍO FLUYA.

Cuando empieces a hablar en lenguas, no te detengas enseguida. El Espíritu Santo es un río. ¡Deja que el río fluya! Sigue orando y deja que el río de lenguas fluya a través de ti. En un principio, cuando recién empieces a hablar en lenguas, tal vez suene gracioso e incluso tonto.

Cuando un río nace es pequeño y poco impresionante pero, a medida que crece, se hace más ancho, más fuerte y más poderoso. Y cuando es un río poderoso, es cuando se convierte en una bendición. Permite que el don de lenguas fluya fuera de ti como un río poderoso. Cuando tu don de lenguas fluya así de tu interior, serás bendecido grandemente. Muchas personas no se benefician del hablar en lenguas porque no permiten que el río de las lenguas fluya de ellos adecuadamente.

> El que cree en mí, como dice la Escritura, DE SU INTERIOR CORRERÁN RÍOS de agua viva.
>
> ESTO DIJO EL ESPÍRITU que habían de recibir los que creyesen en él; pues aún no había venido el Espíritu Santo, porque Jesús no había sido aún glorificado.
>
> Juan 7:38-39

Veinticinco beneficios de orar en lenguas

> Doy gracias a Dios que hablo en lenguas más que todos vosotros.
>
> 1 Corintios 14:18

¿Cuáles son los beneficios de hablar un lenguaje que no entiendes? Pablo debió de tener una buena razón para hablar tanto en lenguas. Era algo que hacía más que cualquier persona que conociera. La habilidad de hablar en lenguas es, probablemente, el mejor don que Dios dio a los cristianos. Quiero compartir contigo por qué es tan importante orar en lenguas aunque no entiendas el lenguaje que hablas. Cada razón tiene una base bíblica y quiero que, por tu propio beneficio, pienses en ellas.

1. Cuando oras en lenguas te cargas como una batería (1 Corintios 14:4).
2. Cuando oras en lenguas eres inmediatamente inspirado por el Espíritu Santo (Hechos 2:4).
3. Cuando oras en lenguas, oras desde tu corazón(espíritu) (1 Corintios 14:14).
4. Cuando oras en lenguas, tu oración es dictada y dirigida por el Espíritu Santo (Hechos 2:4).
5. Cuando oras en lenguas operas directamente en el reino espiritual (1 Corintios 14:14).
6. Cuando oras en lenguas, las otras personas no entienden lo que dices (1 Corintios 14:14).
7. Cuando oras en lenguas, los demonios no entienden lo que dices (1 Corintios 14:14)
8. Cuando oras en lenguas puedes oír, a través de la oración, la voz del Espíritu interpretando (1 Corintios 14:13).
9. Cuando oras en lenguas, puedes orar por muchas horas como Jesús (Marcos 1:35; Lucas 6:12).
10. Cuando oras en lenguas puedes practicar intercesión por almas, familias y naciones (Efesios 6:18).
11. Cuando oras en lenguas puedes hablar contigo mismo y con Dios. Esto te ayuda a concentrarte en Dios en cualquier lugar en donde estés (1 Corintios 14:28).
12. Cuando oras en lenguas agradeces y das buenas alabanzas (1 Corintios 14:17).
13. Cuando oras en lenguas anuncias al mundo que Cristo está en ti (Marcos 16:17).

14. Cuando oras en lenguas das el primer paso hacia las cosas sobrenaturales (Hechos 2:4).

15. Cuando oras en lenguas ejercitas tu fe (Gálatas 3:5).

16. Cuando oras en lenguas haces lo que hacían hombres importantes como Pablo (1 Corintios 14:18; Hebreos 6:12).

17. Cuando oras en lenguas puedes orar contra tus enemigos (en su presencia) sin que sepan lo que estás diciendo (1 Corintios 14:2).

18. Cuando oras en lenguas puedes orar y pensar a la vez (1 Corintios 14:14).

19. Cuando oras en lenguas puedes orar y estudiar libros seculares (1 Corintios 14:14).

20. Cuando oras en lenguas puedes orar y leer tu Biblia (1 Corintios 14:14).

21. Cuando oras en lenguas puedes orar y leer otros libros (1 Corintios 14:14).

22. Cuando oras en lenguas puedes orar y escuchar discos compactos (1 Corintios 14:14).

23. Cuando oras en lenguas puedes orar y ver videos (1 Corintios 14:14).

24. Cuando oras en lenguas puedes orar y a hacer tu trabajo a la vez (1 Corintios 14:14).

25. Cuando oras en lenguas puedes caminar mientras lo haces (1 Corintios 14:14).

Capítulo 6

Los tres temas de oración más importantes

Alguien podría preguntar: «¿De qué puedo orar durante toda una hora? ¡Luego de cinco minutos ya no tengo nada más que decir!». He tenido esa experiencia muchas veces. Luego de un minuto y medio de oración, muchos cristianos empiezan a mirar su reloj. De algún modo, parece que ya no queda nada para decir. Y es por eso que necesitas motivos de oración.

¿Qué es un motivo de oración? Un motivo de oración es algo que te orienta para orar. Cuando leas la Biblia descubrirás exactamente sobre qué debes orar. Estos son los temas de oración que necesitas. Quiero compartir contigo tres grupos de los más importantes motivos de oración para que puedas desarrollar una vida de oración poderosa.

1. Los temas del «Padrenuestro»

> **Vosotros, pues, oraréis así: Padre nuestro que estás en los cielos, santificado sea tu nombre. Venga tu reino. Hágase tu voluntad, como en el cielo, así también en la tierra. El pan nuestro de cada día, dánoslo hoy. Y perdónanos nuestras deudas, como también nosotros perdonamos a nuestros deudores. Y no nos metas en tentación, mas líbranos del mal; porque tuyo es el reino, y el poder, y la gloria, por todos los siglos. Amén.**
>
> **Mateo 6:9-13**

Una de las cosas que impresionó a los discípulos del Señor Jesús fue su habilidad para orar muchas horas. Querían saber qué estrategia, truco o fórmula usaba para orar tantas horas.

Y esta es la razón por la cual se acercaron y le dijeron: «Señor, enséñanos a orar». Necesitaban alguna clase de guía para su vida de oración. Jesús hizo que se sentaran y les dio ocho pasos a seguir para mejorar su vida personal de oración.

1. Agradece y adora al Señor

Padre nuestro que estás en los cielos, santificado sea tu nombre.

Mateo 6:9

Jesús nos enseñó que el primer paso es agradecer al Señor y adorarlo. Lo primero que hay que hacer en la fórmula para orar es dedicar un tiempo para agradecer al Señor. Para la mayoría de las personas, dar las gracias toma aproximadamente cuarenta y cinco segundos.

Sin embargo, tenemos que dar gracias al Señor por todo lo que hizo por nosotros. Darle gracias por poder ver la luz del día. Muchas personas mueren cada día, tú podrías haber sido una de ellas. El simple hecho de que estés vivo es un milagro. Dale las gracias por tu pastor y por tu iglesia.

Dale las gracias por poder leer este libro. Tengo miembros en mi escuela bíblica que no saben escribir. En las clases, tienen que grabar en una cinta todo lo que se dice. Simplemente no tienen la capacidad de leer ni de escribir. Agradezco al Señor por poder estar en el ministerio. El hecho de que estés leyendo mi libro es un milagro de Dios.

Algunas personas solo pueden ver los problemas. ¡Dios está tocando tus ojos en este mismo momento! Él está abriéndolos para que veas Sus bendiciones a tu alrededor. En este primer paso en la oración, debes dar gracias al Señor por lo que Él hizo por ti.

Una triste visita

Recientemente hice una visita a un amigo. Vivía prácticamente en la calle. Se había vuelto adicto a las drogas y no tenía comida ni dinero. Mientras sacaba algo de dinero de mi bolsillo para dárselo, mis ojos se llenaron de lágrimas. Pensé en cuan patética era la condición de ese hombre. Y me di cuenta que yo podría estar en su lugar. De algún modo, por gracia de Dios, yo había conocido al Señor. Pero en realidad, podría estar fumando marihuana. Después de todo, en mi juventud había visto a muchas personas haciéndolo. Podría estar muerto y enterrado desde hace muchos años.

He estado en accidentes de auto casi fatales. He estado en aviones que casi chocaron con otros en la pista. En dos ocasiones estuve en aeronaves que habían aterrizado y tuvieron que despegar de emergencia para evitar una colisión en la pista. Pero sigo aquí y sé que tengo algo por lo que dar las gracias a Dios.

Amigos míos, si no pueden encontrar algo para agradecer a Dios entonces tal vez tengan un espíritu desagradecido.

2. Ora para que venga el reino de Dios

Venga tu reino...

Mateo 6:10

El segundo paso importante es orar para que venga el reino de Dios. Este es mi paso favorito. Puedo hablar de esto por tres horas. Pero si no tienes mucho tiempo, puedes dedicarle diez minutos a esto. Por favor fíjate en que el orden es muy importante. Lo primero es orar por la iglesia y por el reino. Pide a Dios que bendiga a la iglesia.

Cuando la iglesia crece, es evidencia de que cada día hay más personas que son salvas. Todos están desarrollando su reino personal. Las personas están desarrollando su fuerza financiera. A la mayoría de ellos no les importa la iglesia. Todo cristiano debe orar primero por el crecimiento y el desarrollo de la iglesia.

Ora por tus pastores en vez de criticarlos. Los hombres de Dios son seres humanos igual que tú. Los pastores cometen muchos errores cada día. Ora para que Dios proteja a Sus líderes de todos los ataques.

3. Que se haga la voluntad de Dios

... Hágase tu voluntad, como en el cielo, así también en la tierra.

Mateo 6:10

El tercer paso es orar para que se haga la voluntad de Dios. Cualquiera que ore para que se haga la voluntad de Dios en su vida, se preocupa por sí mismo. Si te amas a ti mismo, ora para que se haga la voluntad de Dios en tu vida. He llegado a creer que la voluntad de Dios es mejor que la mía o la de cualquier otra persona. Nadie conoce el futuro, pero Dios sabe lo que tiene preparado para ti.

Jesús oró durante tres horas en el huerto de Getsemaní para que se hiciera la voluntad de Dios. Después que hagas esta oración, puedes relajarte y dejar que las cosas pasen. Cuando Judas y los fariseos fueron a arrestar a Cristo, Él no se resistió. Él creía y aceptaba que lo que sucedía era la voluntad de Dios, y en verdad lo era. Esos eventos lo conducían a su más grande victoria sobre Satanás.

Si quieres tener paz y confianza en esta vida, dedica un tiempo a orar para que se haga la voluntad de Dios en tu vida.

Hace muchos años yo era un joven estudiante de medicina. No tenía idea de que estaría donde me encuentro hoy. En 1985, durante el primer trimestre de mi tercer año, pasé muchas horas orando para que se haga la voluntad de Dios. El campus de nuestra escuela estaba cerca del Océano Atlántico. Cada noche a las 10 iba a la playa con cuatro amigos. Recuerdo con claridad haberme parado en las rocas de la playa y orado así: «Oh Señor, que se haga tu voluntad».

Al estar allí parado frente a las oscuras costas de Ghana recordé cómo los misioneros llegaron a nuestra nación y sacrificaron su vida. Levanté las manos en la playa y dije: «Úsame Señor. Hágase tu voluntad». Clamé al Señor diciendo: «Tú me trajiste aquí. Yo no conozco el futuro. Deja que suceda cualquier cosa que Tú quieras que pase». Creo que hoy en día camino en la respuesta a esas oraciones. Hice esa misma oración por varias semanas.

Debes empezar a tomarte un tiempo y orar para que se haga la voluntad de Dios. ¿Crees que la voluntad de Dios se hará naturalmente? ¡Ciertamente no! Si fuera a suceder naturalmente, ¿por qué tendrías que pasar tiempo orando por ese tema? El simple hecho de que Jesús nos enseñara a orar por eso significa que la voluntad de Dios no sucederá automáticamente.

¡Puedo ver cómo tu futuro se despliega frente a ti de manera positiva! ¡Veo a Dios levantándote mientras oras por Su voluntad! ¡Te veo casándote con la persona indicada si dedicas tiempo a orar para que se haga la voluntad de Dios!

4. Nuestro pan de cada día

El pan nuestro de cada día, dánoslo hoy.

Mateo 6:11

El siguiente paso es orar por tu pan diario. Jesús nos enseñó a orar por nuestras necesidades de cada día. Esto quiere decir que tenemos que orar por nuestros trabajos, nuestro matrimonio y por cualquier otra cosa que nos concierna.

Hace unos años sentí que yo era demasiado espiritual para casarme. Pero nadie puede ser más espiritual que Dios. No seas demasiado espiritual para pedir a Dios por tus necesidades físicas. Pídele una casa. Pídele pan. ¿Quieres un esposo? Dios te lo está concediendo en este mismo momento mientras lees este libro. Ora al Señor por tu vida. Dedica unos minutos para contarle tus necesidades al Señor. Si te tomas otros diez minutos para pedir al Señor por tus necesidades de cada día, tu vida cambiará en forma drástica.

Cuando se trata de orar no dependas de nadie, solo de ti mismo. No esperes que alguien ore por ti. Muchas veces, las personas que crees que oran por ti en realidad están durmiendo.

Dios te está dando la fórmula para orar. Aprovéchala y camina en tus bendiciones.

5. Ora por perdón

Y perdónanos nuestras deudas, como también nosotros perdonamos a nuestros deudores.

Mateo 6:12

El siguiente paso es orar por perdón. Todos necesitamos ser perdonados por nuestros pecados. Existen dos clases de pecados: pecados de comisión y pecados de omisión. Cuando nos aproximamos al trono de la gracia debemos estar conscientes de nuestra naturaleza pecaminosa. Aprópiate de la sangre de Jesús. Pide al Señor que te vea solo a través de la sangre.

Uno de los primeros pecados de comisión es el pecado de la boca: mentir, adular, murmurar, criticar, etc. La mente es otro campo para el pecado. Muchos de nosotros hemos asesinado, cometido adulterio y robado en nuestra mente. Nuestra mente se encuentra casi siempre contaminada por el pecado. Debemos acercarnos al Señor y orar para que tenga misericordia. Mientras le pedimos esto, debemos analizar nuestro corazón para saber si hemos perdonado a las personas que nos rodean.

A veces escucho cómo muchas personas condenan a aquellos que cometen errores. ¡Me pone triste! ¿Acaso no somos todos humanos? ¿No estamos todos sometidos a las mismas tentaciones? ¿No es solo por la gracia de Dios que podemos sobrevivir? Cuando llegamos a esta parte de la oración, debemos corregir toda actitud crítica o arrogante.

Uno de los pecados importantes que debemos confesar es el pecado por omisión. Hay personas que van al infierno porque un vecino no les predicó. Hay amigos que mueren y van al infierno porque nunca les hablamos de Cristo. Cuando nos acercamos al trono, Dios ve todos nuestros errores. Si actuamos como si fuéramos perfectos, nos engañamos y la verdad no está en nosotros. Dedica un tiempo a pedirle al Señor que tenga misericordia de tu vida.

6. Ora contra la tentación

Y no nos metas en tentación...

Mateo 6:13

El siguiente paso importante en la fórmula del Padrenuestro es hacerlo contra la tentación. Todos somos seres humanos. Cuando oigo de grandes hombres de Dios que caen, me asusto muchísimo. Pienso en mí mismo. Muchas veces solo oro para poder llegar al cielo a salvo. Es importante que ores para alejar las tentaciones de tu vida. Puede que no lo sepas, pero la oración te da fortaleza contra la tentación.

Ayunar sin orar es hacer dieta

En el día que fue traicionado, Jesús dio a sus discípulos un mandato eterno: «Velad y orad, para que no entréis en tentación». Recuerdo que, hace muchos años, ayuné por tres días. El tercer día estaba tan débil que no pude levantarme de la cama. Esta era la primera vez que ayunaba por tres días sin comer absolutamente nada. Como no había orado, estaba casi inconsciente. Unos meses después decidí intentar este tipo de ayuno de nuevo. En esta oportunidad decidí levantarme a las 4 de la mañana y pasar un par de horas orando antes de que comenzara el día. Al tercer día de ayuno todavía tenía fuerzas. Hubo una gran diferencia entre los dos ayunos. Tenía esa fuerza porque había orado más.

Amigo cristiano, la oración es un acto sobrenatural que nos da fuerzas aun cuando la carne es débil.

7. Ora para que Dios te libre del mal

... líbranos del mal...

Mateo 6:13

El séptimo paso es orar para que Dios te libre del mal. Es importante que ores contra los males de este mundo. Cúbrete con la sangre de Jesús. Los israelitas rociaban sangre de ovejas en los dinteles y marcos de sus puertas. Esto lo hacían para prevenir que el mal ingresara en sus hogares. Nosotros tenemos que hacer lo mismo pero en un sentido espiritual.

> **Y tomarán de la sangre, y la pondrán en los dos postes y en el dintel ... Y VERÉ LA SANGRE Y PASARÉ DE VOSOTROS...**
>
> **Éxodo 12:7,13**

¿Cómo haces para rociar la sangre? Esparces la sangre de Jesús con tus palabras. Aplica la sangre de Jesús en cada parte de tu casa y de tu familia. Coloca una protección contra toda hechicera que pase volando. Declara que tu casa es un espacio que no puede ser sobrevolado por ninguna hechicera, ningún mago ni ninguna presencia maligna. Cancela todo encantamiento, hechizo, encanto y lamento que haya sido pronunciado contra ti. Declara que vivirás y no morirás. Aprisiona a Satanás y a sus agentes. Ten fe en Dios. Manda a los seres angelicales y a las fuerzas del cielo que hagan guardia a tu alrededor. Dios te sostendrá mientras oras contra el mal en tu vida.

8. Dale las gracias y la gloria a Él

> **... porque tuyo es el reino, y el poder, y la gloria, por todos los siglos. Amén.**
>
> **Mateo 6:13**

El último tema en el Padrenuestro es darle las gracias y la gloria. Porque Suyo es el reino, el poder y la gloria. Dale las gracias una y otra vez. Declara que Él es más poderoso que los muros que se levantan contra ti en tu vida. Declara que cada montaña o cosa imposible es posible por Su poder y Su gloria.

Alza tus manos y predica sobre Su glorioso poder en tu vida. Declara que cada propósito maligno para tu vida no se concretará por el poder, el reino y la gloria de Dios. Da gracias a Jehová porque Él tiene tiempo para ti y para escuchar tu oración. Agradécele por ser bueno con tu alma. Agradécele por ser bueno contigo.

Si sigues estos pasos tendrás al menos una hora de oración efectiva y provechosa cada día.

Oro porque estas estrategias revolucionen tu vida espiritual. Que alcances grandes alturas en el reino de Dios mientras aplicas los principios de este libro.

2. Los temas de oración de los efesios

Muchas personas apenas si hojean el primer capítulo de Efesios. Creen que es demasiado complicado para entenderlo. Sin embargo, en este libro Dios nos revela los temas de oración más importantes. Yo los llamo la fórmula de los efesios para orar. Los temas de oración de los efesios tienen seis componentes importantes.

- El primer paso es dar las gracias con un corazón agradecido.
- El segundo paso es orar por sabiduría y revelación en el conocimiento de Él.
- El tercer paso es orar para que se alumbren los ojos de tu entendimiento.
- El cuarto paso es orar para conocer tu llamado y la esperanza de tu llamado.
- El quinto paso es orar para conocer las riquezas y la herencia de los santos.
- El sexto paso es orar para conocer el poder de Dios.

Por esta causa también yo, habiendo oído de vuestra fe en el Señor Jesús, y de vuestro amor para con todos los santos, no ceso de dar gracias por vosotros, haciendo memoria de vosotros en mis oraciones,
Para que el Dios de nuestro Señor Jesucristo, el Padre de gloria, OS DÉ ESPÍRITU DE SABIDURÍA Y DE REVELACIÓN en el conocimiento de él,
ALUMBRANDO LOS OJOS DE VUESTRO ENTENDIMIENTO, PARA QUE SEPÁIS CUÁL ES

LA ESPERANZA A QUE ÉL OS HA LLAMADO, y cuáles las riquezas de la gloria de su herencia en los santos,
Y CUÁL LA SUPEREMINENTE GRANDEZA DE SU PODER PARA CON NOSOTROS los que creemos, según la operación del poder de su fuerza,
La cual operó en Cristo, resucitándole de los muertos y sentándole a su diestra en los lugares celestiales.

Efesios 1:15-21

a. Da las gracias

No ceso de DAR GRACIAS por vosotros...

Efesios 1:16

Primero que nada, debemos dar las gracias. Muchas personas se han vuelto frías y desagradecidas. ¡Es lindo cuando encuentras a algunas personas agradecidas entre la multitud de personas ingratas en el mundo! Por lo tanto, lo primero que hay que hacer en esta fórmula para orar es dedicar un buen tiempo a agradecer al Señor en oración. Agradécele por Su bondad y por Su misericordia, agradécele por Su protección, por Su provisión… ¡la lista es interminable!

b. Pide al Señor que te dé revelación

El segundo paso importante es pedir al Señor que te dé revelación. Este es uno de mis temas de oración favoritos. Puede que sepas algo pero, hasta que no te es revelado de manera más profunda, ¡en realidad no lo sabes! Existe una diferencia entre el conocimiento «intelectual» y el de la «revelación».

Para que el Dios de nuestro Señor Jesucristo, el Padre de gloria, os dé ESPÍRITU DE SABIDURÍA Y DE REVELACIÓN EN EL CONOCIMIENTO DE ÉL.

Efesios 1:17

Siempre he sabido que es peligroso conducir muy rápido. En las carreteras he visto grandes carteles que anuncian: «La velocidad que emociona es la que te lleva a la muerte». Un día viajé a Tamale en la región del norte de Ghana. Conducía a 120 kilómetros por hora cuando, súbitamente, un ciclista se cruzó en mi camino. De pronto me encontré dando vueltas por el aire. Después de esa experiencia, ¡tuve un conocimiento de revelación sobre conducir demasiado rápido!

Recuerdo que una noche estaba en la autopista conduciendo a unos 80 kilómetros por hora cuando de repente tres autos me pasaron a la velocidad de una bala. Tal era su velocidad que parecía que mi auto estaba detenido. Sonreí y pensé: «Hubo una época en que ningún auto me pasaba en la autopista. Estas personas no tienen conocimiento de revelación». Lo que yo había experimentado me había dado un conocimiento más profundo sobre conducir rápido. A este tipo de conocimiento lo llamamos: conocimiento de revelación.

Hay una diferencia entre saber algo y tener una revelación al respecto. Cuanto más oro por revelación, mejor entiendo la Palabra de Dios. La revelación que tuve de la Palabra de Dios fue mi guía principal en mi vida con Dios. Cuando tienes una revelación, experimentas un cambio. La evidencia principal de que hubo una revelación es que se produzca un cambio en tu vida.

Cada año tengo una revelación más profunda y progresiva de Dios y Su Palabra. Si eres un pastor, dedica horas a orar por sabiduría y revelación. Dios unge a las personas que lo conocen. Cuando hablo de conocerlo me refiero a tener una relación con Él a través de Su palabra. Las cosas que comparto contigo en este libro son cosas que sé por revelación. Son más reales para mí que hechos escritos en un libro de historia.

La vida es corta y lo único que vale la pena hacer es trabajar para el ministerio. Jesús mismo dijo «haceos tesoros en el cielo». Guardo la revelación de este versículo en lo profundo de mi corazón. Sin embargo, la mayoría de las personas no obtuvieron una revelación de él. Aunque muchos conocen este versículo, nunca les fue revelado. Y es por eso que pude abandonar una lucrativa carrera como médico por el ministerio. Creo en que un día recogeré grandes cosechas celestiales mucho más valiosas que cualquier cantidad de dinero.

Y esa es la razón por la que pude sacrificar una vida tranquila de riqueza y privacidad por el rol público y con frecuencia criticado de ser un líder espiritual. Tengo una revelación de la verdad, que dice: «... vanidad de vanidades, todo es vanidad» (Eclesiastés 1:2).

El abogado que recibió una revelación

Cierta vez visité a un moribundo en el hospital. Era un abogado joven y exitoso que a la mitad de su vida padecía una enfermedad terminal. Nunca voy a olvidar algo que me dijo: «Si Dios me levanta de esta cama voy a servirle. Aun si eso significa convertirme en un predicador de tiempo completo».

Mientras el hombre yacía allí, moribundo, se dio cuenta de lo fútil que era realmente todo en la vida. Súbitamente recibió el conocimiento revelador de muchas cosas que están escritas en la Biblia.

De algún modo, leemos la Biblia pero no recibimos de ella ninguna revelación. Cuando oras por el Espíritu de revelación, las cosas que ya has leído una y otra vez cobrarán vida para ti de una manera diferente.

c. Pide entendimiento

> **ALUMBRANDO LOS OJOS DE VUESTRO ENTENDIMIENTO, para que sepáis cuál es la esperanza a que él os ha llamado, y cuáles las riquezas de la gloria de su herencia en los santos,**
>
> **Efesios 1:18**

El siguiente paso en la fórmula de oración de los efesios es pedir entendimiento. Cuando tienes entendimiento sabes por qué deberías obedecer la Palabra de Dios. Frecuentemente oro para obtener el espíritu de entendimiento. Cuando lo tienes, el entendimiento te ayuda a obedecer las instrucciones de Dios. Dios suele mostrarme muchas cuestiones profundas que se encuentran en Su Palabra porque pido entendimiento.

Y es por esto que predico las «Veinticinco razones por las que debemos tener una mega iglesia». Una vez enseñé «Ciento veinte razones por las que debemos ganar almas». Lo creas o no, cada una de esas razones eran diferentes. Cuando tengas el Espíritu del entendimiento entonces sabrás por qué Dios te habla de la manera en que lo hace.

Hay muchas esposas cristianas que no están dispuestas a cumplir con sus obligaciones en el matrimonio. Y la razón es que no tienen un buen entendimiento de sus obligaciones como esposas. Es cuando una tragedia golpea al matrimonio cuando se revela la importancia de las obligaciones de una esposa.

d. Ora por tu llamado

Alumbrando los ojos de vuestro entendimiento, para que sepáis cuál es LA ESPERANZA A QUE ÉL OS HA LLAMADO, y cuáles las riquezas de la gloria de su herencia en los santos,

Efesios 1:18

El cuarto paso en la fórmula de oración de los efesios es pedir por tu llamado. Todo cristiano es llamado a algún ministerio.

Porque somos hechura suya, creados en Cristo Jesús para buenas obras, las cuales Dios preparó de antemano para que anduviésemos en ellas.

Efesios 2:10

Los cristianos no fueron creados para no hacer nada. Dios pretende que cada uno de nosotros cumplamos con nuestro propósito divino. Somos llamados a hacer buenas obras. Somos llamados a ser constantes e inamovibles, siempre abundando en la obra del Señor. Veo a los cristianos modernos asistir a reunión tras reunión. Para muchas personas, el cristianismo se ha convertido en una especie de ritual. Solo van a la iglesia, cantan canciones y escuchan un mensaje de treinta minutos. Pero el llamado de Dios es mucho más que eso. Cuando me convertí en cristiano me uní a un vibrante ministerio que predicaba la

Palabra. Para mí, el cristianismo siempre ha sido una experiencia de ganar almas y guiar a otros al Señor.

¡El conductor de taxi que no me creyó!

Cierta vez estaba conversando con el conductor de un taxi en Londres. Me preguntó de dónde venía. Yo le respondí:

—Acabo de volar desde Ámsterdam.

Él me dijo:

—Oh, ahí hay muchas prostitutas; ¿la pasaste bien?

Yo le contesté:

—¡Oh, no! Yo soy un cristiano. ¡Nosotros no vivimos así!

Y él exclamó:

—¿Estás seguro que los cristianos no hacen eso? ¿En verdad creen en esas cosas? ¿En serio creen en el cielo? —y prosiguió—: Si el cielo es realmente tan bueno entonces ¿por qué no te suicidas y vas ahí ahora mismo?

Desafortunadamente había llegado al final de mi viaje y no pude explicarle la esperanza (la razón) de mi llamado como cristiano. El conductor del taxi sacó a relucir un punto muy válido. **Si solamente estamos esperando ir al cielo entonces, ¿por qué no vamos ahora mismo?**

La respuesta es simple: ¡El propósito de los cristianos no es suicidarse!

Los cristianos tienen un llamado importante para salvar almas y guiar a las personas al Señor. ¡No podemos apresurarnos en llegar al cielo! La esperanza (la razón) de nuestro llamado es dar fruto y ganar almas en esta vida. Esa es la razón por la cual seguimos aquí y aun no nos hemos ido al cielo. Según Apocalipsis 14:13, tus obras te seguirán hasta el cielo.

... Bienaventurados de aquí en adelante los muertos que mueren en el Señor. Sí, dice el Espíritu, descansarán de sus trabajos, porque sus obras con ellos siguen.

Apocalipsis 14:13

Lo que hagas en la tierra determinará cómo será tu estancia en el cielo. Si sabes por qué Cristo te salvó, tendrás que hacer muchas cosas por Él aquí en la tierra.

e. Conoce las riquezas de tu herencia en Cristo

Alumbrando los ojos de vuestro entendimiento, para que sepáis cuál es la esperanza a que él os ha llamado, y cuáles LAS RIQUEZAS DE LA GLORIA DE SU HERENCIA EN LOS SANTOS,

Efesios 1:18

El siguiente paso es conocer las riquezas de nuestra herencia en Cristo. Esto quiere decir que necesitamos conocer qué hemos heredado como cristianos.

Cuando mi padre murió, dejó sus propiedades a sus hijos. Unos meses después de su muerte nos reunimos en la corte para escuchar la lectura de su testamento. Todos queríamos saber cuáles eran las riquezas de nuestra herencia. Nos tomamos un tiempo para averiguar qué habíamos heredado. Yo no sabía qué me había dado mi padre. Tuve que ir a la corte y averiguarlo por mí mismo. Es triste poder decir que muchos cristianos no se molestan en averiguar qué les tiene preparado Dios. Cuando empieces a descubrir qué tiene Dios para ti te sorprenderás. Necesitamos orar para conocer lo que Dios nos ha dado.

¿Debemos ser pobres?

Muchas personas creen que los cristianos deben ser pobres. Creen que los pastores en particular deben estar empobrecidos. Son personas que quieren que los predicadores se arrastren hasta su puerta para pedir una lata de sardinas o un mendrugo de pan. ¿Es esto lo que hemos heredado de nuestro Padre celestial? ¡No, ciertamente no!

El apóstol Pedro quería averiguar en qué lo beneficiaría seguir a Cristo, así que preguntó.

... lo hemos dejado todo, y te hemos seguido.

Marcos 10:28

En otras palabras, ¿qué beneficios obtendremos al servirte? Jesús le respondió con claridad y su respuesta se aplica a todos nosotros:

... de cierto os digo que no hay ninguno que haya dejado casa, o hermanos, o hermanas, o padre, o madre, o mujer, o hijos, o tierras, por causa de mí y del evangelio, que no reciba cien veces más ahora en este tiempo; casas, hermanos, hermanas, madres, hijos, y tierras, con persecuciones; y en el siglo venidero la vida eterna.

Marcos 10:29-30

La herencia de los cristianos y de los predicadores no es la escasez y la pobreza. Pero si no lo descubres ni oras al respecto vivirás en la oscuridad de esa mentira todos los días de tu vida.

f. Conoce la grandeza del poder de Dios

Y cuál la SUPEREMINENTE GRANDEZA de su poder para con nosotros los que creemos, según la operación del poder de su fuerza,

Efesios 1:19

El último paso en la fórmula para orar de los efesios es pedir conocer la grandeza del poder de Dios. Existen ciertos cristianos que no quieren tener nada que ver con el poder de Dios. La Biblia nos enseña que en los últimos tiempos algunas personas tendrán cierta devoción pero negarán la verdad del poder del evangelio (2 Timoteo 3:5).

Una de las cosas por las que tienes que orar es por conocer el poder del Espíritu Santo. Existen dos clases de iglesias en el mundo: iglesias que enseñan e iglesias que tienen poder.

Algunas iglesias enfatizan la enseñanza y no tienen nada que ver con el poder de Dios. ¡Este es un error! No puedes sacar los milagros de la Biblia. Sin los milagros, lo único que nos queda en la Biblia es literatura filosófica.

Y es porque las personas no creen en el poder que nos atemorizan las brujas de aspecto extraño y los sacerdotes fetichistas. Necesitamos orar por el poder hasta llegar a experimentarlo. ¡No probarás el poder de Dios hasta que no lo pidas en oración! Agradece a Dios por sus buenas enseñanzas del domingo. Agradécele por Su buena administración. Sin embargo, en el cristianismo hay un grado de poder y Dios también quiere que lo experimentes.

3. Los temas de oración de Timoteo

Los temas de oración de Timoteo son el siguiente conjunto de motivos importantes:

> **Exhorto ante todo, a que se hagan rogativas, oraciones, peticiones y acciones de gracias, por todos los hombres;**
>
> **Por los reyes y por todos los que están en eminencia, para que vivamos quieta y reposadamente en toda piedad y honestidad. Porque esto es bueno y agradable delante de Dios nuestro Salvador,**
>
> **1 Timoteo 2:1-3**

Este versículo nos dice el tipo de oraciones que debemos pronunciar y por quién debemos hacerlo. Nos dice que oremos por todos los hombres y específicamente por los líderes; los jefes de estado y cualquier otra persona que tenga autoridad sobre nuestra vida. Esta fórmula para orar no nos enseña a maldecir a nuestros líderes ni a desearles el mal.

Existen cuatro tipos de oraciones que debemos pronunciar por cada autoridad: súplica, oración, intercesión y agradecimiento. Debemos pensar en cada líder y orar a Dios para que supla sus necesidades. Debemos agradecer a Dios por sus vidas. Simplemente debemos orar por ellos en general. Y, finalmente, debemos interceder por ellos.

Cualquiera que use los temas de oración de Timoteo recibirá cuatro bendiciones del Señor. Experimentarás una vida tranquila, pacífica, piadosa y honesta. Sin importar quién seas, esta fórmula para orar puede aplicarse a ti. Siempre hay alguien que tiene alguna clase de autoridad sobre tu vida.

En mi país tenemos un presidente y un parlamento que manejan los asuntos de la nación. De una forma u otra, las decisiones que toman afectan a todos. Recientemente, el país entero experimentó una grave crisis energética que nos obligó a un estricto racionamiento de la energía. Las actividades de nuestra iglesia se vieron gravemente afectadas. Nos gustara o no, las decisiones que tomaron aquellos a cargo de la generación de electricidad nos estaban afectando. La Palabra de Dios dice que es importante orar por nuestros líderes si queremos seguir viviendo una vida piadosa.

Hace unos años me dirigía a una emisora para hacer una grabación con un grupo cristiano. Cuando llegué a un lugar llamado Danquah Circle me di cuenta que no había ni un auto ni una persona a la vista siendo que esa era un área muy concurrida. Cuando escuché el sonido de artillería pesada decidí volver a mi casa para no poner en riesgo mi vida. Luego me enteré que se había producido un golpe militar en la ciudad. Algunos soldados habían decidido derrocar al gobierno de turno. Por culpa de este golpe de estado, nuestra grabación cristiana para televisión no pudo llevarse a cabo. Una vez más no pudimos seguir con nuestras vidas piadosas por culpa de la inestabilidad del liderazgo de nuestra nación.

Reyes y príncipes

Hay ciertas partes del mundo que consideramos zonas a las que no se va. La obra misionera y de la iglesia se detuvo por completo porque no era seguro permanecer allí. Esa es la razón por la que Dios nos dice que oremos por los reyes y por las personas que tienen autoridad. Si estudias Ezequiel, te darás cuenta que aunque existía un rey de Tiro en la práctica, también existía un rey de Tiro en el espíritu.

> Hijo de hombre, di al príncipe de Tiro: Así ha dicho Jehová el Señor: Por cuanto se enalteció tu corazón, y dijiste: Yo soy un dios, en el trono de Dios estoy sentado en medio de los mares (SIENDO TÚ HOMBRE y no Dios), y has puesto tu corazón como corazón de Dios;
>
> Ezequiel 28:2

> Hijo de hombre, entona este canto fúnebre para el rey de Tiro. Dale este mensaje de parte del SEÑOR Soberano: Tú eras el modelo de la perfección, lleno de sabiduría y de exquisita belleza.
>
> ESTABAS EN EL EDÉN, el jardín de Dios. Tenías la ropa adornada con toda clase de piedras preciosas —cornalina rojiza, peridoto verde pálido, adularia blanca, berilo azul y verde, ónice, jaspe verde, lapislázuli, turquesa y esmeralda—, todas talladas especialmente para ti e incrustadas en el oro más puro. Te las dieron el día en que fuiste creado.
>
> YO TE ORDENÉ Y TE UNGÍ como poderoso ángel guardián. Tenías acceso al monte santo de Dios y caminabas entre las piedras de fuego.
>
> Ezequiel 28:12-14 (NTV)

Tiro tenía un ser sobrenatural que se encargaba de sus asuntos. Él también era llamado el rey de Tiro. ¿Por qué era llamado el rey de Tiro? ¡Porque realmente era quien gobernaba y regía sobre Tiro!

Cuando Jesús fue tentado en el desierto, una de las cosas que Satanás le ofreció fueron todos los reinos del mundo. Si Satanás no hubiera podido darle a Jesús los reinos del mundo entonces no hubiera sido una tentación. Fue una verdadera tentación para Jesús porque Satanás era realmente quien controlaba los reinos del mundo. ¡No puedes dar algo que no posees!

Tú y yo podemos ver que el mundo se dirige a su inminente aniquilación. Probablemente algún día comience una guerra mundial. Algunas personas cantan: «Él tiene el mundo en Sus manos». Yo no creo que eso sea cierto. Si el Señor tuviera el mundo entero en Sus manos, el mundo no sería el desastre que es hoy en día. Si Jesús gobernara este mundo no habría guerras en Rwanda, Burundi, Angola, Etiopía, Eritrea, República Centroafricana, Liberia, Sierra Leona, República Democrática del Congo, Congo Brazzaville, Bosnia, Afganistán, Israel, Palestina, ¡y la lista continúa! Si Jesús controlara este mundo no habría tanta injusticia y maldad en él. La Biblia nos dice claramente que Satanás es el dios de este mundo.

> **Satanás, quien es el dios de este mundo, ha cegado la mente de los que no creen. Son incapaces de ver la gloriosa luz de la Buena Noticia. No entienden este mensaje acerca de la gloria de Cristo, quien es la imagen exacta de Dios.**
>
> **2 Corintios 4:4 (NTV)**

Por alguna razón, Satanás parece tener legalmente el control sobre todas las naciones de esta tierra. **Antes que Dios pueda intervenir en los asuntos de los hombres, tiene que ser invitado por un ciudadano legítimo de este mundo.** Tú y yo somos miembros legítimos de la comunidad del mundo. Si el Señor se involucra sin nuestra invitación legal, Satanás puede acusarlo del crimen de allanamiento ilegal, tal como sucedió con Irak y Kuwait.

Dios está esperando que lo invites con tu oración. Cuando invitamos a Dios a edificar nuestra nación en libertad, justicia y paz, Él lo hará. Cuando los cristianos oran por los líderes, se produce un cambio.Cierta vez, la mujer de Abraham fue tomada ilegalmente por el rey de turno. Dios se apareció ante el rey llamado Abimelec y le dijo: «Eres hombre muerto. Has tomado para ti la mujer de alguien más». El rey estaba asustado; creyó que iba a morir. Pero Dios le dijo: «Dile a Abraham que ore por ti».

> **Ahora, pues, devuelve la mujer a su marido; porque es profeta, y orará por ti, y vivirás. Y si no la devolvieres, sabe que de cierto morirás tú, y todos los tuyos.**
>
> **Génesis 20:7**

¿Por qué Dios no liberó a Abimelec en ese momento? Después de todo, Él sabía qué oración iba a pronunciar Abraham. Pero no, Dios tiene que esperar la invitación de un hombre antes de involucrarse en los asuntos de este mundo.

Existen tres razones principales por las que necesitamos orar por las autoridades. Primero, tenemos que orar porque las decisiones de la nación no estén basadas solo en deseos y políticas egoístas. La segunda razón es que la naturaleza de todos los hombres es tomar y llevarse tanto como puedan. Tenemos que orar en contra de la corrupción. Y en tercer lugar, debemos orar por paz y libertad para que podamos cumplir con nuestras obligaciones de cristianos sin restricciones. Tenemos que orar para que nuestros líderes realmente quieran a la nación. ¿Cómo puedes saber cuándo un líder ama a su nación?

Porque ama a nuestra nación, y nos edificó una sinagoga.

Lucas 7:5

Cuando un líder ama a una nación, edifica la nación y no su riqueza personal. Si no oras por aquellos que tienen autoridad sobre ti, tu vida podría verse frustrada. La Biblia nos dice que el corazón del rey está en la mano del Señor, y Él lo inclina hacia donde quiere.

Como los repartimientos de las aguas, así está el corazón del rey en la mano de Jehová; a todo lo que quiere lo inclina.

Proverbios 21:1

En el capítulo 40 de Génesis hallarás una historia muy interesante. Hubo una vez un rey que tenía un copero y un panadero. El copero estaba a cargo de todo en la casa. El panadero hacía galletas, tortas y pasteles que el rey disfrutaba mucho. Un día sucedió algo en el área de trabajo que hizo que el rey se enojara con ambos: el copero y el panadero. En su momento de ira ordenó que los metieran en prisión. Estando allí, ambos tuvieron un sueño que José (quien había sido enviado a prisión injustamente) interpretó. Él anunció que el copero sería reincorporado a su puesto y que el panadero perdería la vida. Ahora, debes entender que tanto el copero como el panadero estaban en problemas. Sus vidas estaban en manos de la persona a la que habían enfurecido. Todo dependía de lo que pensara el faraón. A partir de su decisión, alguien viviría y alguien moriría. En este caso en particular, y tal como José predijo, quien murió fue el panadero. **¡Hay momentos en que tu vida depende de lo que una persona piense de ti!**

Cuanto más ores la oración de Timoteo, más favorables serán los pensamientos de tu jefe hacia ti. ¡Veo que recibes favor en todo lo que haces! ¡Veo el corazón del rey teniendo misericordia de ti!

Muchos jóvenes deben orar por sus padres para poder contar con el favor de Dios. Recuerdo que cuando yo estaba en la universidad, le pedí un auto a mi padre. Me di cuenta de que mi padre gastaba mucho dinero en las carreras de caballos. Mi padre tenía uno de los establos de caballos de carrera más grandes del país. Tenía numerosos empleados y compraba caballos por todo África occidental. Yo pensaba: «Si mi padre quisiera, podría comprarme un auto». Cierto día, mi padre decidió comprarme un auto. Mis oraciones por él hicieron que el Señor inclinara su mano a mi favor. Recibí un auto completamente nuevo cuando estaba en quinto año de la escuela de medicina. Me regocijé y usé el auto para la gloria de Dios. Fui el primer miembro de Lighthouse Chapel International en tener un auto. Mi auto se convirtió en colectivo y taxi de la iglesia. Lo hacía con alegría porque sabía que el Señor había provisto. Dios puede bendecirte a través de aquellos que tienen autoridad sobre ti.

Mientras oras por ellos, ¡Dios te concederá favores! ¡Las cosas cambiarán a tu favor! ¡Veo a Dios cambiando el corazón de cada rey en tu vida! Ya no decidirán matarte. ¡Decidirán que debes vivir! ¡Veo muchas bendiciones alzándose para cubrirte! **Cuando ores por padres, jefes y presidentes solo recibirás devoción, paz y tranquilidad.** De hoy en adelante, ¡Toda esposa que ore por su marido tendrá tranquilidad en su hogar! De ahora en más, ¡tu esposo «no creyente» te dejará ir a la iglesia! No te prohibirá que vayas a reuniones de oración que duren toda la noche. ¡Ya no se opondrá a tu vida cristiana porque ahora estás orando por él!

Capítulo 7

Cómo orar con toda clase de oración

Orando en todo tiempo con toda [clase de] oración y súplica en el Espíritu, y velando en ello con toda perseverancia y súplica por todos los santos;

Efesios 6:18

Existen distintas clases de oración, o como suelen decir: estilos diferentes para personas diferentes. Hay diferentes tipos de oraciones que deben ser usadas en situaciones distintas. En esta vida experimentarás una gran variedad de situaciones.

Afortunadamente, Dios nos ha provisto con una gran variedad de tipos de oraciones. Examinemos algunas de ellas.

Ocho diferentes tipos de oraciones

1. La oración de consagración

En esta clase de oración te ofreces a ti mismo al Señor para que se haga Su perfecta voluntad. Dios ama a los hijos que quieren que se haga Su voluntad.

Si pronuncias esta oración de consagración, Dios estará mejor predispuesto para escuchar tus otras oraciones. Algunas personas solamente conocen las oraciones de «dame, dame, dame». Hay momentos en los que a Dios no le interesa responder tales oraciones. Él quiere escuchar una oración de consagración.

Debes aprender a pasar horas pidiendo al Señor que se haga Su voluntad. Jesús oró por tres horas en el huerto de Getsemaní. Eligió un solo tema de oración. No oró por unas diecisiete cosas diferentes.

> **... orando y diciendo: Padre mío, si es posible, pase de mí esta copa; pero no sea como yo quiero, sino como tú.**
>
> **Mateo 26:39**

Todo cristiano debe tener, como uno de sus motivos de oración, la oración de consagración. Ora para que Dios haga Su voluntad en tu vida. Este motivo de oración pone a todos los otros en perspectiva. Esta es la razón por la cual lo mencioné como el primer tipo de oración que debes pronunciar.

2. Orar en el Espíritu

> **Pero vosotros, amados, edificándoos sobre vuestra santísima fe, orando en el Espíritu Santo,**
>
> **Judas 1:20**

¿Qué significa orar en el Espíritu? La respuesta está en la Biblia.

> **Porque el que habla en lenguas no habla a los hombres, sino a Dios; pues nadie le entiende, aunque por el Espíritu habla misterios.**
>
> **1 Corintios 14:2**

Todo cristiano puede hablar misterios con Dios. Orar en leguas es orar en el Espíritu. Dios quiere que ores en lenguas. Un gran porcentaje de mi oración es «en el Espíritu». Puedo darte muchas razones por las que deberías orar en lenguas. Una de ellas es que cuando oras en el Espíritu, Dios mismo dirige tu oración. Te guía para que pidas solo lo que es necesario. En Hechos 2, la Biblia dice que cuando oraron en lenguas el Espíritu les dio que hablasen. Cuando el Espíritu te da que hablar, significa que te da las palabras que debes decir. ¿Qué mejor transacción que esta?

Otra razón importante por la que deberías orar en el Espíritu es porque te edifica. Primera Corintios 14:4 nos dice que quien habla en una lengua desconocida se edifica. La palabra *edificar* significa cargarte del mismo modo en que se carga la batería de un auto. Todos necesitamos esa carga espiritual diaria.

3. La oración de fe

Y la oración de fe salvará al enfermo...

Santiago 5:15

La oración de fe es una oración que tiene una gran demostración de fe. En Marcos 11:24, la Biblia nos enseña a creer en que ya hemos recibido lo que pedimos en oración. Creer que ya recibiste es diferente a creer que algún día recibirás.

Las oraciones de fe son especialmente efectivas contra las enfermedades y las dolencias. Como dije antes, se emplean diferentes tipos de oración para resolver diferentes problemas.

4. La oración de confesión de pecados

Es importante que confesemos nuestros pecados diariamente. Una oración en la que no se pide perdón, es insuficiente. Siempre debemos pedir misericordia. ¡Debemos pedirla en oración! Si decimos que somos perfectos entonces nos engañamos tontamente a nosotros mismos.

Si decimos que no tenemos pecado, nos engañamos a nosotros mismos, y la verdad no está en nosotros.

1 Juan 1:8

5. La oración corta y poderosa

Y despidiendo a la multitud, le tomaron como estaba, en la barca; y había también con él otras barcas.

Pero se levantó una gran tempestad de viento, y echaba las olas en la barca, de tal manera que ya se anegaba. Y él estaba en la popa, durmiendo sobre un cabezal; y le despertaron, y le dijeron: Maestro, ¿no tienes cuidado que perecemos?

Y levantándose, reprendió al viento, y dijo al mar: Calla, enmudece. Y cesó el viento, y se hizo grande bonanza.

Marcos 4:36-39

En este versículo Jesús se vio en una situación crítica. Él y sus discípulos quedaron atrapados en medio de una tormenta muy peligrosa y sus vidas estaban en peligro. No había tiempo para encontrar un lugar apartado para orar y pedir que la mano de Dios se moviera a su favor. ¡Él solo pronunció una oración corta y poderosa y la tormenta cesó!

En Juan 11:41-42, Jesús volvió a encontrarse en una situación que demandaba una respuesta inmediata. Necesitaba un milagro para los amigos de su familia. Su viejo amigo Lázaro había estado muerto por cuatro días. Todos esperaban algo de Él. ¿Podía apartarse y orar por tres horas? ¡La respuesta es no!

Tenía que pronunciar una oración corta y necesitaba resultados inmediatos. Lee la siguiente oración:

... Y Jesús, alzando los ojos a lo alto, dijo: Padre, gracias te doy por haberme oído. Yo sabía que siempre me oyes; pero lo dije por causa de la multitud que está alrededor, para que crean que tú me has enviado.

Juan 11:41-42

Esta clase de oración resulta útil cuando te enfrentas a una situación crítica. No hay tiempo para retirarse y orar. Pronuncia una oración corta y poderosa cuando sea necesario y cree en que Dios la escuchará. Después de una oración corta y poderosa ¡actúa con audacia tal como lo hizo Jesús! Tendrás un resultado del ciento por ciento.

6. La oración larga

Hay momentos en los que es importante dedicar un largo tiempo a orar. Jesús hacía esto con frecuencia.

En aquellos días él fue al monte a orar, y pasó la noche orando a Dios.

Lucas 6:12

Levantándose muy de mañana, siendo aún muy oscuro, salió y se fue a un lugar desierto, y allí oraba.

Marcos 1:35

Notarás que en ambas ocasiones Jesús dedicó largas horas a la oración. Muy de mañana implica mucho tiempo. Pasar la noche es mucho tiempo. Desarrolla el arte de orar por varias horas. Empieza con una hora y avanza hasta tres. ¡Luego progresa hasta cinco y siete horas!

Aprende a orar todo el día y toda la noche. Recibirás respuesta al ciento por ciento de tus oraciones. Habrá tiempos en los que tendrás que pasar muchas horas orando.

Si Jesús tuvo que orar largas horas, entonces tú también tendrás que hacerlo. Hay veces en las que no tendrás que cambiar el motivo de oración. Puedes orar durante horas por el mismo motivo. ¡Jesús así lo hizo! No es una repetición sin sentido, es orar como Jesús lo hacía.

7. La oración en voz alta

Y Cristo, en los días de su carne, ofreciendo ruegos y súplicas con gran clamor y lágrimas al que le podía librar de la muerte, fue oído a causa de su temor reverente.

Hebreos 5:7

Jesús oró con gran clamor y tú también puedes hacerlo. Existe una diferencia entre la oración y la meditación. Algunas personas afirman que oran en su mente. ¿Cuál es la diferencia entre orar en tu mente y meditar? ¡Yo creo que no existe ninguna diferencia! No estoy diciendo que siempre debas gritar cuando oras. Cuando yo oro, el noventa por ciento de las veces no podrás oírme. Suelo orar muy despacito. Pero hay momentos en los que oro con gran clamor y lágrimas. Es una dimensión en la que debemos adentrarnos. Hay algunas cosas que solo pasarán en tu vida cuando ores como lo hacía Jesús.

8. La oración de agradecimiento

Dad gracias en todo, porque esta es la voluntad de Dios para con vosotros en Cristo Jesús.

1 Tesalonicenses 5:18

Dios quiere que demos las gracias. Aparte de la usual oración de «dame, dame, dame», a Dios le gustaría escuchar otra clase de oraciones. Le gustaría escucharte decir «gracias». Descubre el poder de agradecer al Señor. Cuando le des las gracias experimentarás grandes avances en tu vida.

Pablo y Silas estaban en la cárcel pero a la medianoche oraban y cantaban alabanzas. A la mitad de la noche, daban gracias a Dios. De pronto hubo un terremoto y sus cadenas se rompieron. Este es el poder de la oración de agradecimiento. Una oración de gratitud es apropiada aun en la medianoche de tu vida. Habrá momentos en los que será la oración más poderosa que puedas ofrecer. Es la oración que produce terremotos y rompe cadenas. Escoge este tipo de oración y experimentarás la liberación de Dios en tu vida.

No hay oscuridad que pueda controlarte. No existe «medianoche» que pueda encadenarte cuando aprendes cómo dar las gracias.

Oro porque tu vida de oración se eleve hasta este campo de la oración respondida. Dios es tu Padre en el cielo. Él tiene que responder tus oraciones. De hecho, ¡Él ama responder tus oraciones! Este es tu momento para que recibas la respuesta a todas tus oraciones. Ciertamente, debe haber un cumplimiento de todo lo que Dios ha dicho.

Capítulo 8

¿Dios responde todas tus oraciones?

Hay algunos versículos en la Biblia que dan la impresión de que Dios responde todas las oraciones. Sin embargo, es evidente que esto no es así. Para entender si Dios responde a todas las oraciones y cómo Dios lo hace es importante ver el contexto general de la Biblia. Los versículos que veremos a continuación dan la impresión de que Dios responde a cada una de las oraciones que se le ofrecen.

Tal vez la lección más importante que podemos aprender de estos versículos es que Dios quiere responder el ciento por ciento de nuestras oraciones. Esta debe ser nuestra aspiración. Debemos pretender y esperar lo mejor de Dios: que el ciento por ciento de nuestras oraciones sean respondidas. Pero para que una oración sea respondida existen ciertas condiciones y en el siguiente capítulo analizaremos doce condiciones muy importantes para que todas tus oraciones te sean respondidas. Lee estos versículos que prometen fehacientemente respuestas para tus oraciones.

> Y todo lo que pidiereis en oración, creyendo, lo recibiréis.
>
> Mateo 21:22

> Y todo lo que pidiereis al Padre en mi nombre, lo haré, para que el Padre sea glorificado en el Hijo. Si algo pidiereis en mi nombre, yo lo haré.
>
> Juan 14:13-14

> No me elegisteis vosotros a mí, sino que yo os elegí a vosotros, y os he puesto para que vayáis y llevéis fruto, y vuestro fruto permanezca; para que todo lo que pidiereis al Padre en mi nombre, él os lo dé.
>
> Juan 15:16

> En aquel día no me preguntaréis nada. De cierto, de cierto os digo, que todo cuanto pidiereis al Padre en mi nombre,

os lo dará. Hasta ahora nada habéis pedido en mi nombre; pedid, y recibiréis, para que vuestro gozo sea cumplido.

Juan 16:23-24

Porque de cierto os digo que cualquiera que dijere a este monte: Quítate y échate en el mar, y no dudare en su corazón, sino creyere que será hecho lo que dice, lo que diga le será hecho.

Por tanto, os digo que todo lo que pidiereis orando, creed que lo recibiréis, y os vendrá.

Marcos 11:23-24

Capítulo 9

Doce pasos para un ciento por ciento de oraciones respondidas

La oración es un privilegio que Dios ha dado a Sus hijos. Podemos hablar directamente con nuestro Padre celestial y recibir respuestas. Las actitudes de muchos cristianos denotan que no creen que Dios realmente responda las oraciones. Pero ¿por qué orar si no vas a tener resultados? Yo creo que puedes tener un ciento por ciento de resultados cada vez que oras.

¿Por qué orar si no recibirás una respuesta? Muchas personas toman a la oración como una especie de rutina religiosa que deben cumplir. La Palabra de Dios nos garantiza un ciento por ciento de resultados cada vez que oramos. Si estudias cuidadosamente los versículos que hablan sobre la oración, descubrirás que Jesús no dijo que posiblemente (tal vez, quizá, en el dulce porvenir, si todo va bien) recibiremos una respuesta a nuestras oraciones. ¡Él dijo que ciertamente recibiríamos una respuesta!

¡Escribí este libro para ti! Quiero que recibas un ciento por ciento de resultados cada vez que ores. Si es real, ¡es real! Si no es real, ¡no es real! Si Dios existe, entonces Él *puede* responder tu oración.

¿Dios vive? ¿Es real? ¿Puede escuchar? ¿Es sordo? Estoy seguro que conoces las respuestas a estas preguntas. Dios vive y está bien y Él quiere bendecirte.

Si mi Dios fuera un pedazo de madera o una piedra, yo no lo serviría como lo hago. Nosotros no rendimos culto al sol, a la luna ni a los ríos. Adoramos a un Dios vivo que tiene poder para salvar y para liberar.

Elías desafió una vez a los falsos profetas de Baal. Él les dijo: «No tiene sentido servir a un dios que no está disponible. Nuestro Dios está muerto o está vivo».

... Elías se burlaba de ellos, diciendo: Gritad en alta voz, porque dios es; quizá está meditando, o tiene algún trabajo [¡o está en el sanitario!], o va de camino; tal vez duerme, y hay que despertarle.

1 Reyes 18:27

¡El dios que no habló!

Hace unos años un amigo mío fue a una ciudad que se encuentra a unos cien kilómetros de Accra. Acompañaba a sus padres a su ciudad natal. Mientras estaba en la ciudad sintió una urgencia por orinar. Desafortunadamente no había ningún baño apropiado cerca, así que se dirigió a un espacio abierto para hacer sus necesidades. Mientras orinaba oyó gritos a su espalda. Como ya estaba en el proceso tuvo que terminar primero. Luego se dio vuelta y se encontró frente a un grupo de residentes enojados.

«¿Qué estás haciendo? —exclamaron ellos—. ¿Cómo puedes hacer eso? ¡Estás orinando en nuestro dios! ¿No sabes que la piedra sobre la que estás orinando es nuestro dios?».

El joven se disculpó profusamente pero no había nada que pudiera hacer al respecto. ¡Ya había bañado a su dios en orina!

Cuando escuché esta historia reflexioné: «Si eres un dios, ¿acaso no puedes decir algo cuando las personas orinan sobre ti? ¿No puedes protestar al sentir el primer chorro de orina?». Si eres un dios, ¡al menos di algo cuando alguien orine sobre ti!

¿Qué estoy tratando de decir? Si Dios está vivo, entonces Él debe ser capaz de responderte. Él nos ha dado Su palabra y ha prometido que siempre respondería a nuestras oraciones.

Me invocará, y yo le responderé...

Salmo 91:15

Entonces clamarás, y el Señor te responderá...

Isaías 58:9 (RVC)

Estos versículos nos dicen que Dios sí nos responderá. ¡Él va a responder! ¿Cuánto más claro puede estar? La Biblia dice la verdad o no lo hace. ¡O lo crees o no lo crees! Jesús dijo:

Y yo os digo: Pedid, y se os dará; buscad, y hallaréis; llamad, y se os abrirá.

Lucas 11:9

No hay frase que exprese mayor afirmación que estos «dará, hallaréis y abrirá» mencionados. ¡Veo a Dios respondiendo a tus oraciones en este momento! Para cuando termines de leer este capítulo, experimentarás un ciento por ciento de respuestas para todas tus oraciones.

1. EL PRIMER PASO PARA UN CIENTO POR CIENTO DE ORACIONES RESPONDIDAS ES: APRENDE A ORAR POR TI MISMO, A NO NECESITAR QUE NADIE MÁS ORE POR TI.

Jesús nos enseñó a orar a nuestro Padre celestial. Muchas personas no saben cómo orar por sí mismas. Quieren que alguien más ore por ellos. Piden al pastor que ore por ellos. Se arrodillan frente a los profetas y piden oraciones especiales. *No hay nada malo en que alguien ore por ti. ¡Pero Dios quiere que aprendas a orar por ti mismo!*

Hay algunos pastores que se encomiendan a sí mismos a guerreros de la oración. Dependen de otras personas para que oren por ellos. Pero debes considerar que los amigos que te sostienen en oración y los guerreros de la oración son algo adicional, un «extra». Si sucede, ¡bien! Si no, ¡también! No puedes depender de eso.

Tu vida cristiana no debería depender de las oraciones de otra persona. Jesús dijo: «*Tú* pide al Padre». *Tú* deberías ser capaz de orar por ti mismo. Recuerda que la oración del justo puede mucho (Santiago 5:16) Tu has sido justificado por Dios en Cristo (2 Corintios 5:21) ¡Eres justo! ¡Eres lo bastante justo para recibir respuesta por tus oraciones!

¡Empieza a orar por ti mismo ahora! No dependas solo de tu pastor. ¡Podría estar roncando mientras crees que está orando por ti!

2. ***EL SEGUNDO PASO PARA UN CIENTO POR CIENTO DE ORACIONES RESPONDIDAS ES: ORAR A TU PADRE CELESTIAL Y A NADIE MÁS.***

En aquel día no me preguntaréis nada...

Juan 16:23

Jesús dijo que ese día no le preguntaríamos nada. ¿Qué día es ese día? Jesús se refería al periodo en que Él ya no estaría con los discípulos. Jesús mismo nos orientaba a orar al Padre celestial. ¿Existe alguna diferencia entre orar a Jesús y orar al Padre celestial? Debe haberla, ¡de otro modo Jesús no nos hubiera dicho lo que dijo!

Si quieres un ciento por ciento de resultados entonces haz lo que Jesús dijo que debías hacer. Empieza a orar diciendo: «Padre nuestro», «Padre Celestial», «Querido Padre», o «Padre que estás en los cielos», etc. Empezarás a experimentar mejores resultados.

No ores a una sierva

Algunas personas oran a María. Yo solía asistir a una iglesia que lo hacía. De hecho, yo mismo oraba a María casi todos los días. Yo creo que nuestra santa madre María debe estarse preguntando por qué las personas le oran a ella. Estoy seguro que ella se pregunta: *«¿Qué puedo hacer yo por estas personas? Soy una simple mortal como cualquiera de ellos».*

Ella misma dijo que no era más que una sierva del Señor.

Entonces María dijo: He aquí la sierva del Señor; hágase conmigo conforme a tu palabra...

Lucas 1:38

¿Por qué orarías a una sierva? Jesús no nos enseñó a orar a Su madre. Él nos enseñó a orar a Su Padre. ¡Hay una gran diferencia! Puedo entender cómo nuestra santa madre María es respetada por el rol que cumplió al traer a Jesús a este mundo. **Fue una gran mujer y una sierva muy especial. En verdad la respeto y la admiro**. Pero no puedo orarle a ella.

No creo que ella pueda hacer nada por mí ahora. Yo voy a orar a mi Padre celestial y voy a recibir un ciento por ciento de resultados, en el nombre de Jesús.

3. EL TERCER PASO PARA UN CIENTO POR CIENTO DE ORACIONES RESPONDIDAS ES: ORAR EN EL NOMBRE DE JESÚS.

Desafortunadamente, muchas personas usan el nombre de Jesús como una exclamación o una maldición. ¡Esto ha provocado que los cristianos pierdan respeto por el poder del nombre de Jesús! ¡Te comunico que hay poder en el nombre de Jesús! Tu Padre celestial responderá cuando oiga el nombre de Jesús.

> **... De cierto, de cierto os digo, que todo cuanto pidiereis al Padre en mi nombre, os lo dará.**
>
> **Juan 16:23**

En mi iglesia hay gente que intenta usar mi nombre para hacer ciertas cosas. Saben que la mención de mi nombre en nuestra organización les asegura rápidos resultados. Con frecuencia he oído que se dice: «El obispo dijo: "tal y tal cosa"». ¿Por qué las personas dicen nombres al azar? Lo hacen porque los nombres tienen poder.

El uso de un nombre garantiza rápidos resultados. Toda rodilla se doblará ante el nombre de Jesús. Los demonios responden al nombre de Jesús. Las enfermedades responden al nombre de Jesús. Satanás se postrará ante el nombre de Jesús. Hay poder en ese nombre. En el libro de Hechos vemos cómo el nombre de Jesús sana a un hombre.

> **Sea notorio a todos vosotros, y a todo el pueblo de Israel, que en el nombre de Jesucristo de Nazaret ... por él este hombre está en vuestra presencia sano.**
>
> **Hechos 4:10**

Pero no solo lo malo responde ante el nombre de Jesús. Nuestro mismísimo Padre celestial responde al nombre de Jesús. Jesús nos dijo que usemos «el nombre de Jesús» para que el

Padre nos responda. Nos dijo que usemos Su nombre para obtener resultados de nuestras oraciones. De hoy en más, cada vez que ores hazlo en el nombre de Jesús. No solo como un ritual, sino como una clave vital para recibir bendiciones celestiales.

4. EL TERCER PASO PARA UN CIENTO POR CIENTO DE ORACIONES RESPONDIDAS ES: CONFESAR TUS PECADOS.

Si decimos que no tenemos pecado, nos engañamos a nosotros mismos, y la verdad no está en nosotros.

1 Juan 1:8

Acercarse a Dios sin conciencia de tu pecado es un error. En Isaías se encuentra un versículo muy importante que debes recordar.

He aquí que no se ha acortado la mano de Jehová para salvar, ni se ha agravado su oído para oír; pero vuestras iniquidades han hecho división entre vosotros y vuestro Dios, y vuestros pecados han hecho ocultar de vosotros su rostro para no oír.

Isaías 59:1-2

Dios es apartado de nuestras vidas por el pecado. Una de las primeras cosas que debes hacer cuando oras es confesar tus pecados: tanto los que conoces como aquellos de los que no tienes conciencia. No permitas que las injusticias te separen de Dios. Él puede acercarse a ti cuando la sangre de Jesús te haya lavado.

5. EL QUINTO PASO PARA UN CIENTO POR CIENTO DE ORACIONES RESPONDIDAS ES: PERMANECER EN CRISTO.

Si permanecéis en mí, y mis palabras permanecen en vosotros, pedid todo lo que queréis, y os será hecho.

Juan 15:7

Permanecer en Cristo es una clave importante para recibir cualquier clase de respuesta del Señor. Si no te quedas en la casa entonces no esperes que Dios responda ninguna de tus oraciones. El ciento por ciento de las oraciones respondidas es para las personas que permanecen en Cristo y en Su iglesia. Cuando te apartas de Dios, te conviertes en alguien como el hijo pródigo. Estás lejos de tu Padre. El hijo pródigo no se quedó en la casa.

Se mudó y vivió en un país alejado. Se asoció con prostitutas y comió con los cerdos. ¡La única ayuda que pudo obtener fue de los cerdos! Así que «pidió a los cerdos» algo de su comida. Los «cerdos» se compadecieron del hijo pródigo y le dieron de su comida. Aunque su padre hubiera querido darle de comer no hubiera podido hacerlo. Simplemente estaba fuera del alcance de su padre. El hijo pródigo terminó en la custodia de un hombre que lo puso a trabajar con los cerdos.

Cuando no te quedas en la casa, terminas con los cerdos. Tal vez a medida que leas este libro te darás cuenta que estar lejos de Dios no te ha hecho bien alguno. Es hora de volver a casa. Permanecer en comunión es una clave importante para recibir las bendiciones del Señor.

> **Pero si andamos en luz, como él está en luz, tenemos comunión unos con otros, y la sangre de Jesucristo su Hijo nos limpia de todo pecado.**
>
> **1 Juan 1:7**

Hay algunas personas que creen que pueden ser buenos cristianos sin ir a la iglesia. ¡Se están engañando a sí mismos! Si caminas en la luz tendrás comunión con otros que estén en la luz. Esto es lo que nos enseña este versículo. ¿Estás en la luz o en la oscuridad? Si estás en la luz irás a la iglesia y estarás en comunión con otros cristianos.

6. EL SEXTO PASO PARA UN CIENTO POR CIENTO DE ORACIONES RESPONDIDAS ES: DEJAR QUE LA PALABRA DE DIOS PERMANEZCA EN TI.

Es importante que la Palabra de Dios permanezca en ti. Dios no hace nada fuera de Su Palabra. La Palabra de Dios te guiará en tu relación con Él. Te dirigirá en oración. Dios no responde las oraciones necias ni tampoco actúa en contra de Su Palabra.

Si quieres obtener un ciento por ciento de oraciones respondidas, permanece en la Palabra.

Ordena mis pasos con tu palabra, y ninguna iniquidad se enseñoree de mí.

Salmo 119:133

7. ***EL SÉPTIMO PASO PARA UN CIENTO POR CIENTO DE ORACIONES RESPONDIDAS ES: OBEDECER LOS MANDAMIENTOS DEL SEÑOR.***

Y cualquiera cosa que pidiéremos la recibiremos de él, porque guardamos sus mandamientos, y hacemos las cosas que son agradables delante de él.

1 Juan 3:22

Este versículo es muy claro. Dios responde las oraciones de las personas que lo obedecen. Si vives una vida de desobediencia, Dios no honrará tus oraciones. Si tuvieras un hijo desobediente que no te complace, ¿le darías cualquier cosa que pidiera? ¡Ciertamente no! Nuestro Padre tampoco responde las oraciones de hijos desobedientes. Si Dios te llamó al ministerio, ¡solo obedece! Tu obediencia abre las puertas a las respuestas de tus oraciones.

Queda claro que Dios responde las oraciones de los justos. Conviértete en una persona justa y Dios responderá tus oraciones.

Confesaos vuestras ofensas unos a otros, y orad unos por otros, para que seáis sanados. LA ORACIÓN EFICAZ DEL JUSTO PUEDE MUCHO.

Santiago 5:16

8. ***EL OCTAVO PASO PARA UN CIENTO POR CIENTO DE ORACIONES RESPONDIDAS ES: SÉ UN CRISTIANO QUE PRODUCE FRUTO.***

No me elegisteis vosotros a mí, sino que yo os elegí a vosotros, y os he puesto para que vayáis y llevéis fruto, y vuestro fruto permanezca; para que todo lo que pidiereis al Padre en mi nombre, él os lo dé.

Juan 15:16

Dios vinculó la respuesta a las oraciones con la producción de frutos. Este versículo prueba que la respuesta a una oración está directamente vinculada con los frutos que tenga una persona.

Si has nacido de nuevo en Cristo, la única razón por la que sigues con vida es para que puedas producir fruto. Después de todo, el cielo está garantizado.

Desde que naciste de nuevo que tienes un lugar en el cielo. ¿Qué otra cosa necesitas? Los tesoros terrenales son pasajeros e inservibles. Se nos mantiene vivos en esta tierra para que podamos ganar almas para Él. Dios quiere que todo cristiano produzca fruto.

Algo que muchos cristianos no saben es que Dios vinculó la respuesta a las oraciones con la producción de frutos. ¡El versículo anterior fue muy claro al respecto!

Dios se complace en responder la oración de alguien que da fruto. ¿Qué haces por Dios? ¿Qué fruto estás produciendo? Si descansas en la esterilidad espiritual solo esperando que Dios responda tus oraciones puedes esperar para siempre. Algunas personas solo saben decir: «¡Dame!, ¡Dame!, ¡Dame!». Pero ¿de qué manera estás contribuyendo para el reino de Dios?

Existe un vínculo entre la respuesta a las oraciones y la producción de frutos. Recibe esta revelación en tu espíritu y desde hoy empieza a dar fruto. Haz algo por tu iglesia. No solo te sientes allí a observar. Deja de ser un observador. No hay bendición en ser un espectador o un comentarista. La bendición de tener un ciento por ciento de oraciones respondidas es para cristianos que producen fruto.

9. EL NOVENO PASO PARA UN CIENTO POR CIENTO DE ORACIONES RESPONDIDAS ES: TENER FE CADA VEZ QUE ORES.

Por tanto, os digo que todo lo que pidiereis orando, creed que lo recibiréis, y os vendrá.

Marcos 11:24

A lo largo de su ministerio, Jesús enseñó grandes lecciones de fe. Con frecuencia hacía énfasis en que las personas eran bendecidas porque hacían uso de su fe.

> **Mas el justo vivirá por fe; y si retrocediere, no agradará a mi alma.**
>
> **Hebreos 10:38**

Lo que Dios está diciendo es que si te apartas de la fe, Él no estará complacido contigo. Existen aquellos que piensan que la fe no es tan importante. Tienden a apartarse del mensaje de la fe y de las personas que la poseen. Sienten que debería hacerse énfasis en la paciencia, la bondad, la benignidad y en otras cualidades del fruto del Espíritu.

Creo firmemente que estas cualidades son importantes y juegan un papel especial en la vida cristiana. Sin embargo, la importancia del fruto del Espíritu para la experiencia cristiana no debería hacernos menospreciar la importancia de algo como la fe. El hecho de que el corazón sea importante no quiere decir que los riñones lo sean menos. Ambos son necesarios y tienen funciones especiales y únicas que cumplir.

La fe es una virtud muy especial que tiene una función en la vida de todo cristiano. La Biblia dice que sin fe es imposible agradar a Dios.

> **Pero sin fe es imposible agradar a Dios; porque es necesario que el que se acerca a Dios crea que le hay, y que es galardonador de los que le buscan**
>
> **Hebreos 11:6**

Resulta interesante notar que la Palabra de Dios no dice: «Sin amor es imposible agradar a Dios». La Biblia no dice: «Sin paz es imposible agradar a Dios». La Biblia es muy clara en este aspecto: ¡SIN FE ES IMPOSIBLE AGRADAR A DIOS!

La fe de Abraham era considerada como un acto de virtud. Abraham creía que El Shaddai era capaz de darle un hijo en su ancianidad. Él tenía sus defectos. Mintió sobre su esposa y dos veces la entregó a reyes no creyentes para placer de ellos.

A pesar de su conducta mentirosa y cobarde, Dios estaba muy complacido con Abraham porque tenía fe.

Tal vez según tus normas, Abraham habría sido descalificado. Pero fue un gran hombre a los ojos de Dios. Su grandeza fue producto de su fe.

> **Plenamente convencido de que era también poderoso para hacer todo lo que había prometido; por lo cual también SU FE LE FUE CONTADA POR JUSTICIA.**
>
> **Romanos 4:21-22**

Dios se pone contento, se siente impactado y se complace cuando crees en Él. Cuando crees que Dios te sanará, entonces lo pones contento. Cuando crees que Dios te hará prosperar, entonces se emociona. Cuando crees que vas a progresar, Dios se complace contigo. Cuando tienes fe en que tendrás una larga vida, Dios se ve tentado a darte longevidad. Cuando crees que Dios te dará abundancia conmueves algo profundo en El Shaddai. Haces que derrame Sus bendiciones sobre tu vida.

De hoy en más, no dudes de la Palabra de Dios. Acepta que tú eres el campeón de quien Él habla. Fluye con el mensaje de prosperidad, sanidad y abundancia. Recuerda siempre que Dios se complace cuando crees en Él.

Dios no es un dios de pobreza. Desde que conozco al Señor no he sufrido escasez. En la Biblia no he leído sobre escasez, fracaso, contratiempos y limitaciones. Solo veo abundancia, promoción y liberación de enemigos. ¡Veo a Dios levantándome cada día! Dios no te trajo a Cristo para degradarte y avergonzarte. Él te trajo a Cristo para levantarte y establecerte en una vida abundante. Jesús vino para que pudiéramos tener vida, y una vida más abundante (Juan 10:10)

Jesús bendijo a la gente de fe

Muchas personas progresaron bajo el ministerio de Jesús. ¿Quiénes eran esas personas? ¿Por qué recibieron estos milagros?

Recordarás lo que dijo Jesús sobre esa mujer con ese problema de hemorragia de sangre. ¿Cuál fue el secreto de su liberación? Jesús dio la respuesta en Marcos 5:34

... Hija, tu fe te ha hecho salva...

Marcos 5:34

Bartimeo, el ciego, recobró su vista milagrosamente. Él era un sujeto ruidoso que interrumpió la reunión. Pero Jesús se fijó en él y lo sanó.

¿Cuál fue su secreto? ¡Su secreto fue su fe en Dios!

... tu fe te ha salvado

Marcos 10:52

La mujer pecadora que derramó una botella de alabastro llena de perfume a los pies de Jesús también recibió el milagro del perdón. Jesús dijo a la mujer:

... Tu fe te ha salvado, ve en paz.

Lucas 7:50

Recuerda a los diez leprosos que fueron sanados y solo uno regresó para agradecer. Jesús le dijo estas mismas palabras a él:

… Levántate, vete; tu fe te ha salvado.

Lucas 17:19

Dos ciegos se acercaron a Jesús y pidieron por la misericordia de Dios. Jesús los tocó y fueron sanados. ¿Qué les dijo?

... Conforme a vuestra fe os sea hecho.

Mateo 9:29

¿Has notado que Jesús nunca dijo: «Tu amor te ha salvado»?

Jesús nunca dijo: «Tu santidad te ha salvado».

Él nunca dijo: «Conforme a vuestra paciencia os sea hecho».

¿Por qué Jesús nunca dijo: «Tu buen carácter de ha salvado»?

¡Por favor no me malentiendas! ¡No estoy diciendo que estas cosas no sean importantes! Estoy diciendo que fue la fe de estas personas la que impresionó a Jesús.

Jesús remarcó una y otra vez que su fe habría producido el gran cambio en sus vidas. Y es por esto que la Biblia dice que sin fe es imposible agradar a Dios.

¿Alguna vez pensaste en esos hombres que atravesaron el techo de la casa de alguien para acercar a su amigo paralítico a Cristo? Tal vez fueran ladrones experimentados que estaban acostumbrados a meterse en las casas de las personas. Tal vez eran hombres acostumbrados a pasarse delante de otros en la fila y engañar a los demás. Pero la Biblia dice que Jesús notó su fe e inmediatamente dio respuesta a sus necesidades.

> **AL VER ÉL LA FE DE ELLOS, le dijo: Hombre, tus pecados te son perdonados.**
>
> **Lucas 5:20**

Jesús no se quedó pensando en el mal que hicieron al saltarse la fila o remover las tejas del techo de alguien. **Él vio su fe.** Jesús ve tu fe. Dios ve tu fe. Es tiempo de que te levantes y creas en lo que dice la Palabra de Dios. ¡Conforme a tu fe te será hecho!

Cuando ejercitas tu fe en la oración, Dios responde de la misma forma en que Jesús respondió a estos hombres. **Así le impacta a Dios tu oración.** ¡Cuando crees que has recibido, complaces a Dios! Para ejercitar la fe, debes creer que has recibido lo que pediste en oración. Esto quiere decir que no tenemos que orar por lo mismo una y otra vez.

Llorar y suplicar no es lo mismo que orar con fe. Muchos cristianos solo lloran y lloran en espíritu de desesperanza. Dios no está en contra del llanto. Pero sí del llanto sin fe. Confía en Dios, Él quiere concederte los deseos de tu corazón.

¡Recibe respuestas a tus oraciones en este momento, en el nombre de Jesús! De hoy en más debes creer que ya has recibido lo que pediste en oración.

10. EL DÉCIMO PASO PARA UN CIENTO POR CIENTO DE ORACIONES RESPONDIDAS ES: PERSISTENCIA.

Persistir en oración es una manera de garantizar un ciento por ciento de oraciones respondidas. Jesús dio dos claros ejemplos de cómo la persistencia conlleva a esto. Quiero que los leas con atención.

Les dijo también: ¿Quién de vosotros que tenga un amigo, va a él a medianoche y le dice: Amigo, préstame tres panes, porque un amigo mío ha venido a mí de viaje, y no tengo qué ponerle delante; y aquél, respondiendo desde adentro, le dice: No me molestes; la puerta ya está cerrada, y mis niños están conmigo en cama; no puedo levantarme, y dártelos?

Os digo, que aunque no se levante a dárselos por ser su amigo, sin embargo POR SU IMPORTUNIDAD se levantará y le dará todo lo que necesite.

Lucas 11:5-8

También les refirió Jesús una parábola sobre la necesidad de orar siempre, y no desmayar, diciendo: Había en una ciudad un juez, que ni temía a Dios, ni respetaba a hombre.

Había también en aquella ciudad una viuda, la cual venía a él, diciendo: Hazme justicia de mi adversario.

Y él no quiso por algún tiempo; pero después de esto dijo dentro de sí: Aunque ni temo a Dios, ni tengo respeto a hombre, sin embargo, PORQUE ESTA VIUDA ME ES MOLESTA, le haré justicia, NO SEA QUE VINIENDO DE CONTINUO, ME AGOTE LA PACIENCIA.

Y dijo el Señor: Oíd lo que dijo el juez injusto.

¿Y acaso Dios no hará justicia a sus escogidos, que claman a él día y noche? ¿Se tardará en responderles?

Os digo que pronto les hará justicia. Pero cuando venga el Hijo del Hombre, ¿hallará fe en la tierra?

Lucas 18:1-8

¡Persistir significa repetir! Quiere decir que te acercarás al Señor en oración incansablemente. Quiere decir que llorarás sin avergonzarte frente al Señor hasta que Él responda. La persistencia da buenos resultados aun en el mundo real. A veces recibo llamados por teléfono pero no puedo responderlos porque me encuentro muy lejos del aparato. Mientras me acerco al teléfono suelo pensar: «Solo voy a atender el teléfono si esta persona persiste». A veces, para cuando llego al teléfono, la persona ya se dio por vencida. Hay algunos que vuelven a llamar. Hay otros que siguen llamando hasta que contesto.

El principio de la persistencia da resultado en muchas esferas de la vida. Y este principio funciona igual de bien en la oración. Yo no lo dije ¡fue Jesús!

¡Jesús dejó bien en claro que obtendrías resultados si oras, oras y oras! Y la razón por la que obtendrás esos resultados es porque continúas orando.

Alguien podría preguntar: «¿Acaso el principio de la persistencia no contradice el de la fe? Después de todo, ¡cuando usas la fe no tienes que orar más de una vez!» Lo que debes entender es que existen diferentes maneras de expresar la fe.

Orar una vez es una demostración de fe.

Orar una y otra vez por el mismo motivo, decidido a no parar hasta obtener una respuesta es otra demostración de fe. Cada una de estas demostraciones de fe es válida. Cada una de estas demostraciones de fe da resultados. Ambas demostraciones de fe fueron recomendadas por Jesús. Cada una de estas demostraciones de fe puede lograr que Dios responda tu oración.

¡Hay muchos cristianos que pueden ser testigos de cómo oraron persistentemente hasta que Dios respondió! También hay muchos otros que tienen grandes testimonios de cómo oraron una sola vez y recibieron respuesta. Jesús no enseñó una sola de estas maneras de orar. **Él enseñó ambos métodos y garantizó un ciento por ciento de resultados para cada caso.**

Puedes comparar la fe y la persistencia con matar un gato de diversas maneras. Puedes golpearlo, ahogarlo, envenenarlo, dispararle o decapitarlo. Todos estos métodos te darán un ciento por ciento de resultados: ¡un gato ciento por ciento muerto! Decídete hoy a usar cualquiera de estos dos métodos. Ambos son a prueba de errores. Las oraciones de «fe» funcionan todas las veces. La persistencia tiene éxito. Dios te ha dado dos métodos que garantizan que recibirás un ciento por ciento de oraciones respondidas.

11. EL ONCEAVO PASO PARA UN CIENTO POR CIENTO DE ORACIONES RESPONDIDAS ES: NO PIDAS MAL.

Pedís, y no recibís, porque pedís mal...

Santiago 4:3

Desafortunadamente, muchos cristianos piden a Dios cosas que Él no puede darles. Dios no responde malas oraciones. Una mala oración significa que oras por cosas inaceptables, inadecuadas, inapropiadas, inadmisibles, insatisfactorias e imposibles. Dios no hará nada que esté en contra de Sus principios.

La fe es muy diferente a la estupidez. Hay muchos cristianos que no demuestran más que necedad cuando oran. Dios no es un necio. Por favor no trates de convertirlo en uno.

El hecho de que se te permita ejercitar tu fe no quiere decir que debas ser irracional. Cuando Dios ignora las oraciones necias, no digas que orar no sirve. Las que no sirven son las oraciones necias.

Si pides a Dios que te dé el esposo de otra mujer, entonces estás pronunciando una oración necia. Algunos jóvenes, al comienzo de sus vidas, piden al Señor grandes mansiones y autos sumamente costosos. Es verdad que Dios quiere bendecirte, pero no esperes que Él lo haga de la noche a la mañana. Estudia la Biblia atentamente. Todas las personas que recibieron bendición lo hicieron en un periodo de varios años. Si eres casado y no usas anticonceptivos, por favor no responsabilices por los bebés a tu esposa. Dios no responde a la necedad.

Si tienes un trabajo para hacer y no lo haces, no ores para que tu jefe enferme.

A medida que envejeces no te molestes en orar por el regreso de tu juventud. Ya se ha ido para siempre. No puedes caminar sobre tus pasos. ¡Existe un proceso natural de envejecimiento que no puedes restringir ni revocar!

¿Por qué te molestas en pedir a Dios que te dé un aeroplano cuando ni siquiera tienes una bicicleta? Sería lo mismo que pedirle que te convierta en la Reina de Inglaterra.

Si oras a Dios para que te ayude a divorciarte, oras mal. Dios no quiere que te divorcies. ¿Cómo podría ayudarte a hacerlo?

Por tanto, lo que Dios juntó, no lo separe el hombre.

Marcos 10:9

¡Dios no puede responder cuando oras mal! Puedes tomar tu propia decisión y divorciarte, pero no ores mal. Dios no separa matrimonios, Él une a las personas.

Debes darte cuenta que hay leyes divinas operando en el universo. No tiene sentido orar por cosas que bíblicamente no pueden hacerse. No hablo de las leyes de tu país. Estoy hablando de las leyes de Dios.

No existe hombre en esta tierra que pueda escapar de la maldición pronunciada sobre Adán.

CON EL SUDOR DE TU ROSTRO COMERÁS EL PAN hasta que vuelvas a la tierra, porque de ella fuiste tomado; pues polvo eres, Y AL POLVO VOLVERÁS.

Génesis 3:19

Todos los hombres experimentan el sudor de esta vida. Todos los hombres regresan al polvo. Todos irán a la tumba algún día. Solo es cuestión de tiempo.

Sin importar quiénes son, todos los hombres deben sudar para prosperar. No importa lo ricos que sean, todos regresarán a la tierra. No tiene sentido pedir en oración lo contrario. No puedes orar para prosperar sin trabajar duro. No puedes orar para no morir. ¡Eso es ilegal! Hasta que Jesús regrese, tú y yo tenemos que someternos a lo mismo que todos los hombres. Hombres importantes como David sabían que no podían escapar de la muerte.

Llegaron los días en que David había de morir, y ordenó a Salomón su hijo, diciendo: YO SIGO EL CAMINO DE TODOS EN LA TIERRA...

1 Reyes 2:1-2

¿Cuál es el camino de todos en la tierra? Es la experiencia ineludible de la muerte que todos los seres humanos debemos afrontar. ¡No tiene sentido negarla o rechazarla!

Solo seguirás decepcionándote de Dios. No ores por no tener que trabajar duro. Trabajar duro y sudar para prosperar es el medio legal por el que nos desarrollamos. Lo que debes hacer es orar por sabiduría para aliviar los efectos de estas maldiciones.

Es la sabiduría de la ciencia médica la que alivia el trauma de dar a luz. A través de esta sabiduría muchas mujeres han disminuido sus dolores en el parto. Muchas mujeres han sufrido menos al dar a luz valiéndose de la sabiduría de la ciencia médica.

Es la sabiduría que proviene de la educación la que alivia la carga de los hijos de Adán. Todos los hijos de Adán deberán trabajar, pero algunos trabajos son más fáciles que otros. Yo preferiría ser un doctor que un encargado de la limpieza. En ambos casos tendría que seguir el proceso y sudar para disfrutar del pan. Pero puedo asegurarte que el trabajo de un doctor es diferente al de un encargado de la limpieza.

12. EL DOCEAVO PASO PARA UN CIENTO POR CIENTO DE ORACIONES RESPONDIDAS ES: ORAR SOLO POR LO QUE VEAS QUE HACE EL PADRE.

Respondió entonces Jesús, y les dijo: De cierto, de cierto os digo: No puede el Hijo hacer nada por sí mismo, SINO LO QUE VE HACER AL PADRE;

> **porque todo lo que el Padre hace, también lo hace el Hijo igualmente.**
>
> **Juan 5:19**

Si oras por cosas que no pueden ser concedidas, solo desgastas tu confianza en la oración. Si oras por cosas que Dios no está haciendo, Él no te responderá. Jesús procuró no orar por ciertas cosas cuando Su Padre no las estaba haciendo. «Y esta es la confianza que tenemos en él, que si pedimos alguna cosa CONFORME a su voluntad, él nos oye» (1 Juan 5:14).

Este es un paso más que debemos seguir para obtener un ciento por ciento de respuestas a nuestras oraciones. Dios nos ha dado Su Espíritu para que nos guíe en ciertas situaciones. Debes permitir que el Espíritu Santo te guíe al orar y debes orar por Su voluntad. Muchos pastores no tienen éxito en sus oraciones porque Dios no los guía específicamente.

Cierta vez Jesús visitó un hospital. Había allí una multitud de enfermos. Sin embargo, Él oró por una sola persona.

> **Después de estas cosas había una fiesta de los judíos, y subió Jesús a Jerusalén. Y hay en Jerusalén, cerca de la puerta de las ovejas, un estanque, llamado en hebreo Betesda, el cual tiene cinco pórticos. En éstos yacía una multitud de enfermos, ciegos, cojos y paralíticos, que esperaban el movimiento del agua. Porque un ángel descendía de tiempo en tiempo al estanque, y agitaba el agua; y el que primero descendía al estanque después del movimiento del agua, quedaba sano de cualquier enfermedad que tuviese.**
>
> **Y había allí un hombre que hacía treinta y ocho años que estaba enfermo. Cuando Jesús lo vio acostado, y supo que llevaba ya mucho tiempo así, le dijo: ¿Quieres ser sano? Señor, le respondió el enfermo, no tengo quien me meta en el estanque cuando se agita el agua; y entre tanto que yo voy, otro desciende antes que yo. Jesús le dijo: Levántate, toma tu lecho, y anda.**
>
> **Juan 5:1-8**

¿Por qué no oró por los otros cientos de personas que necesitaban ayuda? Jesús seguía estos mismos pasos para obtener un ciento por ciento de resultados. ¡Solo trataba con casos que sabía que darían resultados positivos!

Tal vez la voluntad de Dios sea sanar a todos. Quizá las circunstancias que enfermaron a las personas fueron diferentes. Tal vez en el plan de Dios, aun no era el tiempo de que se manifestaran ciertas curaciones.

Jesús sabía que era difícil involucrarse en cosas que Dios no estaba haciendo. Jesús explicó por qué oraba solo por una persona enferma cuando había cientos que necesitaban un milagro. Él dijo: «Yo hago lo que veo que mi Padre hace». En otras palabras, si no es algo en lo que Dios se encuentre activamente involucrado ahora, ni me molestaré en orar por eso. Puede que sea legal hacer ciertas cosas, pero es muy difícil tener éxito si Dios no se encuentra presente e involucrado en ellas. Si Jesús no pronunciaba oraciones difíciles, ¿por qué deberíamos molestarnos en hacerlo?

> **Respondió entonces Jesús, y les dijo: De cierto, de cierto os digo: No puede el Hijo hacer nada por sí mismo, SINO LO QUE VE HACER AL PADRE; porque todo lo que el Padre hace, también lo hace el Hijo igualmente.**
>
> **Juan 5:19**

Si no te vales de estos principios, pronto dirás que Dios no responde a las oraciones. Querido amigo, es posible obtener un *«Sí»* de Dios para *todas* tus peticiones si puedes practicar diligentemente los pasos descritos en este libro. Es claramente evidente que Dios va a tener que decir *«no»* cuando pidas cosas que le son imposibles realizar.

Piensa por ejemplo en Joab, el comandante del rey David. Joab mató a un hombre inocente y David lo maldijo. El rey David maldijo para siempre a su familia. Él dijo:

> **Caiga sobre la cabeza de Joab, y sobre toda la casa de su padre; que nunca falte de la casa de Joab quien**

padezca flujo, ni leproso, ni quien ande con báculo, ni quien muera a espada, ni quien tenga falta de pan.

2 Samuel 3:29

Si estudias en detalle esta maldición, notarás que la familia de Joab padecería enfermedades constantemente. Cualquiera que orara por la familia de Joab estaría pronunciando una oración difícil. Aunque no imposible, sería difícil para el Señor revocar la maldición sobre la familia de Joab. Esta maldición es diferente a la que Dios lanzó sobre Adán y Eva, porque esta fue pronunciada por un hombre. La maldición de Adán fue hecha por Dios mismo y, por supuesto, tiene mayor peso.

Tal vez había algunos parientes de Joab en ese hospital que Jesús visitó. Quizá esta sea la razón por la que Dios dirigió a Jesús para que orara por una sola persona. Jesús explicó que Dios lo había guiado a orar por una sola persona. Tal vez Dios no estaba listo para romper las maldiciones en la vida de algunos. O no tenía motivos suficientes para deshacer una merecida maldición sobre ciertas personas y sus familias.

... De cierto, de cierto os digo: No puede el Hijo hacer nada por sí mismo, sino lo que ve hacer al Padre...

Juan 5:19

Cada vez que ores, déjate guiar. Ora por las cosas que ves hacer al Padre. Deja que el Espíritu te guíe cuando oras. No te precipites sobre situaciones complejas pronunciando impulsivamente oraciones sin poder que Dios no va a responder.

Libros de

Dag Heward-Mills

1. Lealtad y Deslealtad
2. Lealtad y Deslealtad - Los que te acusan
3. Lealtad y Deslealtad - Los que son hijos peligrosos
4. Lealtad y Deslealtad - Los que son ignorantes
5. Lealtad y Deslealtad - Los que olvidan
6. Lealtad y Deslealtad - Los que te abandonan
7. Lealtad y Deslealtad - Los que fingen
8. El Crecimiento de la Iglesia
9. Plantación de Iglesias
10. La Mega Iglesia (2da edición)
11. Atrapa La Unción
12. Pasos hacia la Unción
13. Las Dulces Influencias de la Unción
14. Amplificar tu Ministerio Con Milagros y Manifestaciones Del Espíritu Santo
15. Transforma tu Ministerio Pastoral
16. El Arte de Pastorear
17. El Arte de Liderazgo (3era edición)
18. El Arte de Seguir
19. El Arte del Ministerio
20. El Arte de Escuchar (2da edición)
21. Perder, Sufrir, Sacrificar y Morir
22. Qué Significa Convertirse en Apacentador
23. Los Diez Errores Principales que los Pastores Cometen
24. Porque al que tiene, se le dará; y al que no tiene, aun lo que tiene se le quitará
25. Por qué los cristianos que no diezman empobrecen…y cómo prosperan los cristianos que diezman
26. El Poder de la Sangre
27. Anagkazo (2da edición)
28. Díles
29. Cómo Nacer de Nuevo y Evitar ir al Infierno
30. Muchos son llamados
31. Peligros Espirituales
32. Volver Atrás
33. ¡Decláralo! ¡Reclámalo! ¡Recíbelo!
34. Los demonios y cómo tratar con ellos
35. Cómo Orar
36. La fórmula de la humildad
37. Hija, tú puedes lograrlo
38. Entender el Tiempo Devocional
39. Ética Ministerial (2da edición)
40. Laikos

www.ingramcontent.com/pod-product-compliance
Lightning Source LLC
LaVergne TN
LVHW020647100826
845148LV00012B/2354

* 9 7 8 9 9 8 8 8 5 0 4 4 9 *